Franz Renner

Welche Wiesenblume ist das?

Kopiervorlagen zur Bestimmung der häufigsten Wiesenblumen

BRIGG VERLAG

Gedruckt auf umweltbewusst gefertigtem, chlorfrei gebleichtem
und alterungsbeständigem Papier.

3. Auflage 2022

Illustrationen: Katrin Geigenmüller
Layout/Satz: PrePress-Salumae.com, Kaisheim

ISBN 978-3-95660-**158**-3 www.brigg-verlag.de

Das Wichtigste in Kürze

Vorwort für Lehrerinnen und Lehrer

Eine große Vielfalt von Blumen färbt im Sommer unsere Wiesen herrlich bunt. Aber nicht nur die Farben der Blumen sind verschieden; auch der Bau der Blüten und Blätter ist unterschiedlich.

Die Vielgestaltigkeit und Formenfülle in Worte zu fassen, ist nicht ganz einfach! Für die Beschreibung und Bestimmung von Pflanzen gibt es eine große Anzahl von Fachbegriffen, mit denen Spezialisten sicher und präzise umgehen können – dem Anfänger jedoch bereiten sie in der Regel einige Schwierigkeiten. Für ihn bleibt damit die klassische Bestimmungsliteratur allzu oft ein Buch mit sieben Siegeln.

Mit vorliegendem Band möchte ich auch Kindern einen motivierenden Einstieg in das Bestimmen von Pflanzen ermöglichen. Steckbriefe zu 80 häufigen Wiesenblumen bilden hierzu die Grundlage. Die jeweils entscheidenden Blüten- und Blattmerkmale werden darin in einfachen Worten und Abbildungen deutlich herausgestellt, sodass auf botanische Fachausdrücke weitestgehend verzichtet werden kann. Eine nach Farben sortierte Übersicht ergänzt die Steckbriefe zu einem einfachen Schlüssel.
Die wichtigsten Wissensgrundlagen zum Aufbau der Blüte und der Blätter sind in Form von Folien- bzw. Kopiervorlagen zusammenfassend dargestellt und können als Einstieg, zur Wiederholung oder zur Nachbereitung im Unterricht eingesetzt werden.

Die vorliegende Kombination aus Bestimmungshilfe und Steckbriefen ist vielseitig nutzbar. Einerseits können Sie den kompletten Band als Bestimmungsbuch für die häufigsten Wiesenblumen verwenden. Anderseits lässt sich daraus eine auf „Ihre“ Wiese abgestimmte Bestimmungshilfe zusammenstellen, indem Sie nur die Steckbriefe der dort vorkommenden Arten kopieren und die Bestimmungsübersicht hinzufügen. Dadurch ergibt sich eine speziell für diese Wiese zugeschnittene Bestimmungshilfe, die Ihre Schülerinnen und Schüler sicher zum Erfolg führt.
Zusätzlich können Sie die Steckbriefe als einzelne Pflanzenporträts zum Kennenlernen und Vergleichen der Wiesenblumen einsetzen.

Bei den ausgewählten und vorgestellten Blumen handelt es sich zum großen Teil um Arten, welche ich im Lauf der Jahre auf meinen Wiesenexkursionen mit Schulklassen gefunden und dokumentiert habe. Die Pflanzenauswahl erhebt keinen Anspruch auf Vollständigkeit. Dennoch hoffe ich, dass das Spektrum der häufigsten Wiesenblumen abgedeckt ist. Ergänzungen sind jederzeit willkommen!

Ich wünsche Ihnen und Ihren Schülern viel Spaß beim Bestimmen der Wiesenblumen!

Ihr Franz Renner

Zur Arbeit mit diesem Buch

Als Einstieg ist es sinnvoll, mit den Kindern die für die Pflanzenbeschreibung und -bestimmung wichtigsten Merkmale der Wiesenblumen zu besprechen. Auf den Seiten 6–10 finden Sie übersichtliche Darstellungen zum Bau der Blüte sowie zu den verschiedenen Blüten-, Blütenstand- und Blattformen, die Sie als Folien- oder als Kopiervorlagen verwenden können. Wenn Sie die Materialien als Bestimmungsschlüssel einsetzen möchten, sollte jedes Kind neben den Kopien der Steckbriefe (S. 12–93) – bzw. einer Auswahl von Steckbriefen der Pflanzen, die auf der untersuchten Wiese vorkommen – eine Kopie des Arbeitsblattes „Meine Wiesenblume“ (S. 94) sowie eine Kopie der Seite „Wiesenblumen bestimmen: Übersicht“ (S. 11) zur Verfügung haben.

Es bietet sich folgende Vorgehensweise an:

1. Auf dem **Arbeitsblatt „Meine Wiesenblume“** zeichnen die Kinder die Blüte und das Blatt der zu bestimmenden Pflanze farbig ein und notieren ihren eigenen Namen, das Datum sowie den Fundort.
2. Die Steckbriefe sind in Farbgruppen sortiert*. Anhand der Kopie **„Wiesenblumen bestimmen: Übersicht“** werden die Kinder je nach Farbe ihrer Blüten zu einer bestimmten Farbgruppe weitergeleitet.
3. Die **Steckbriefe** der jeweiligen Farbgruppe blättern sie aufmerksam durch und vergleichen ihre Pflanze zunächst mit den **Abbildungen**.
4. Erscheint ihnen eine Darstellung ähnlich, prüfen sie, ob auch die **beschriebenen Merkmale** auf ihre Pflanze zutreffen. Ist dies nicht der Fall, wird die Suche fortgesetzt. Sind die Übereinstimmungen eindeutig, so haben sie ihre Pflanze erfolgreich bestimmt!
   Hinweis: In Abhängigkeit vom Standort und den dort herrschenden Bedingungen kann es Abweichungen von den angegebenen Größen, Formen und Farben geben. Die Natur hält sich nicht immer an die Regeln!
5. Nach der erfolgreichen Bestimmung werden auf dem **Arbeitsblatt „Meine Wiesenblume“** der Name der Pflanze, die Angaben zur Bestäubung der Blüten und zur Ausbreitung der Samen sowie weitere Merkmale ergänzt. Die Arbeitsblätter können in Kombination mit den gepressten Pflanzen die Grundlage für ein Wiesenherbarium bilden.

Bei den Steckbriefen wurde bewusst auf wissenschaftliche Pflanzennamen verzichtet. Für manche Pflanzen gibt es mehrere deutsche Namen; in diesem Buch wurden die einfachsten bzw. geläufigsten Namen verwendet.

Literaturempfehlungen:

- AICHELE, D. & H. SCHWEGLER: Die Blütenpflanzen Mitteleuropas – Stuttgart 2005, 2. überarb. Aufl.
- DÜLL, R. & H. KUTZELNIGG: Taschenlexikon der Pflanzen Deutschlands – Wiebelsheim 2005, 6. völlig neu überarb. Aufl.
- KLAPP, E. & W. OPITZ von BOBERFELD: Kräuterbestimmungsschlüssel für die häufigsten Grünland- und Rasenkräuter – zur Ansprache im blütenlosen Zustand. – Berlin, Hamburg 1988, 2. Aufl.

Umfassende Informationen erhalten Sie auch im Internet unter www.floraweb.de (Seite des Bundesamtes für Naturschutz).

* Der Band umfasst Steckbriefe zu 80 Pflanzen. Die 82 Steckbrief-Seiten ergeben sich dadurch, dass zwei Pflanzen (Wiesen-Schaumkraut und Herbst-Zeitlose) doppelt aufgenommen sind, da sie in unterschiedlichen Farben (Weiß und Rosa) zu finden sind.

Der Grundaufbau der Blüte

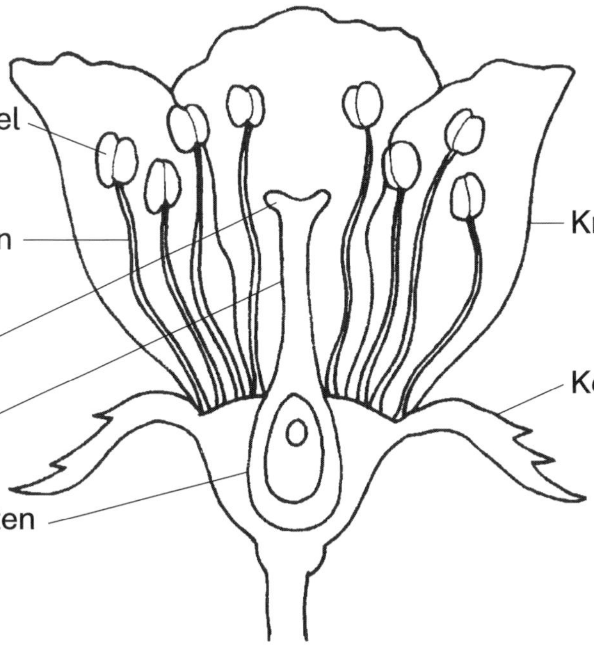

Beachte: Jede Blüte hat ihre Besonderheiten!

Genau wie in der Abbildung sehen die wenigsten Blüten aus. Bei den meisten Blüten ist der Grundaufbau etwas abgeändert.

Beispiele:

- Manchmal sind keine Kelchblätter vorhanden.
- Die Anzahl der Staubblätter und die Anzahl der Griffel können unterschiedlich sein.
- Die Staubblätter können auch miteinander verwachsen sein.
- Die Narbe kann sich an ihrem Ende in mehrere Zipfel aufspalten.

So unterschiedlich können Blüten sein

Die Blütenblätter können verschiedene Formen haben.

Beispiele:

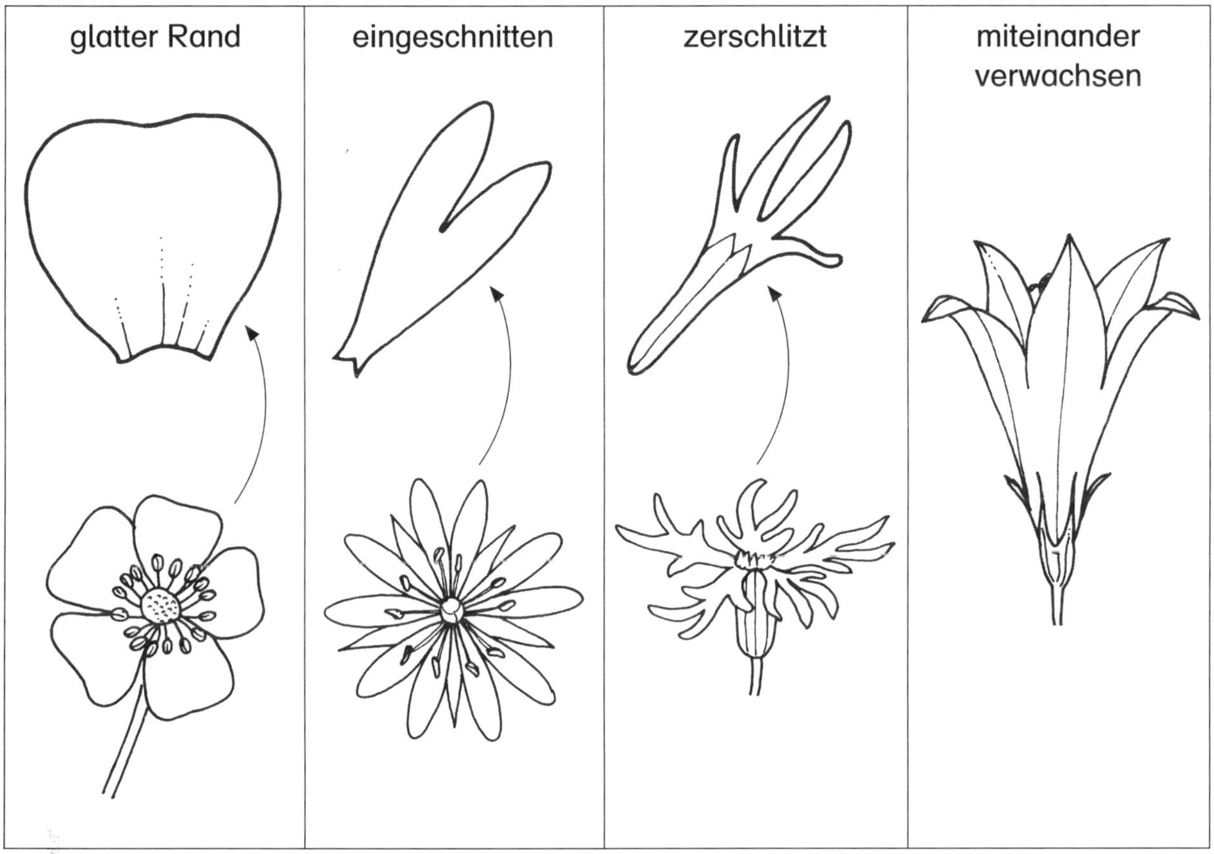

Bei manchen Blüten sind die Blütenblätter so stark verändert, dass man sie als solche gar nicht mehr erkennen kann!

Beispiele:

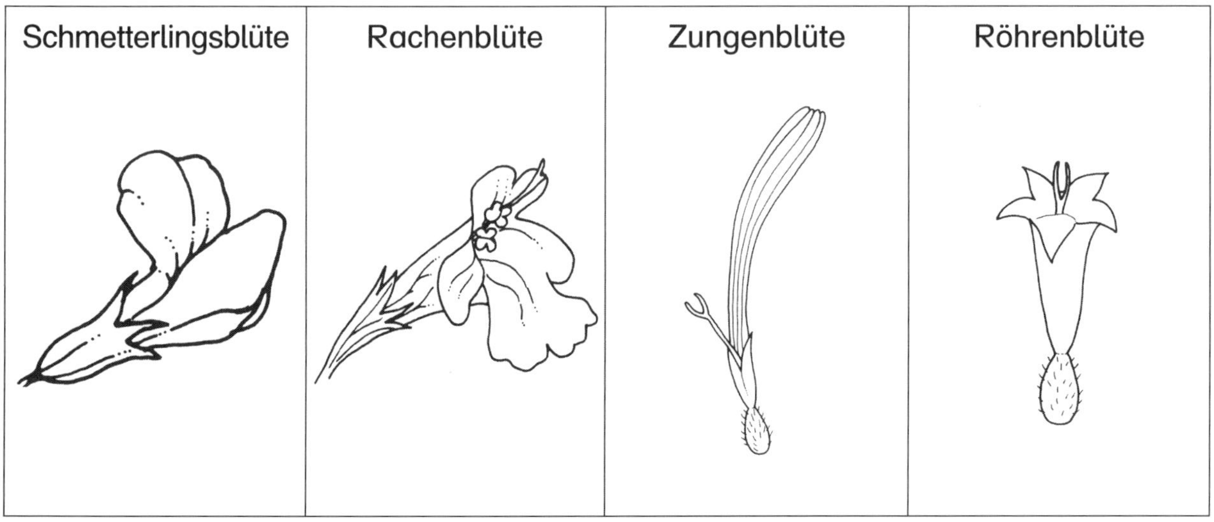

Blüten groß und deutlich erkennbar

Manche Pflanzen haben eher große Einzelblüten, die leicht als Blüten zu erkennen sind.

Die Blüten können am Stängel sehr unterschiedlich angeordnet sein.

Beispiele:

Hier sitzt eine große Blüte am Ende des Stängels.	Hier sitzen mehrere große Blüten am Ende des Stängels.	Hier sitzen mehrere große Blüten entlang des Stängels.

Blüten sehr klein

Bei manchen Pflanzen sind die Blüten sehr klein und undeutlich. Häufig stehen sie in lockeren Büscheln zusammen.

Beispiele:

Manchmal stehen die kleinen Blüten so dicht zusammen, dass man den ganzen Blütenstand für eine einzige Blüte halten könnte!

Beispiele:

		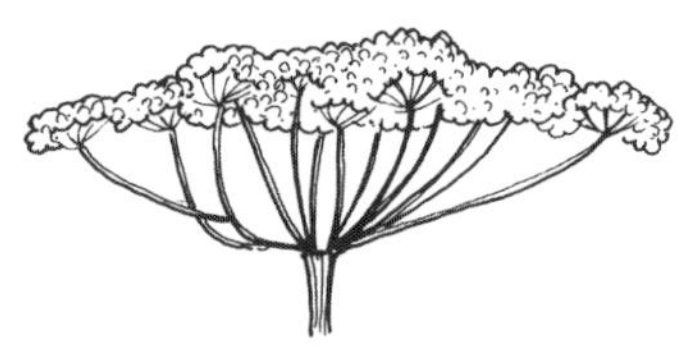
Innen sitzen winzige Röhrenblüten, außen Zungenblüten.	Der Blütenstand ist aus vielen Zungenblüten zusammengesetzt.	Viele kleine Blüten bilden einen schirmförmigen Blütenstand.
		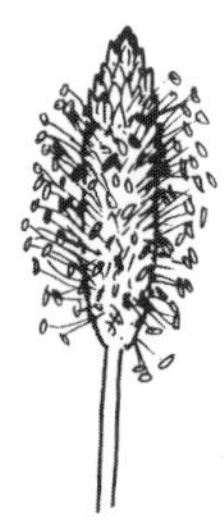
Viele Röhrenblüten sind in einer Art birnenförmigen „Schüssel“ versammelt.	Viele Blüten bilden zusammen eine Kugel.	Viele kleine Blüten stehen in einem kolbenförmigen Blütenstand zusammen.

So unterschiedlich können Blätter sein

Die Blätter können unterschiedliche Formen haben. Manchmal befinden sich sogar an ein- und derselben Pflanze ganz unterschiedliche Blätter.

Beispiele:

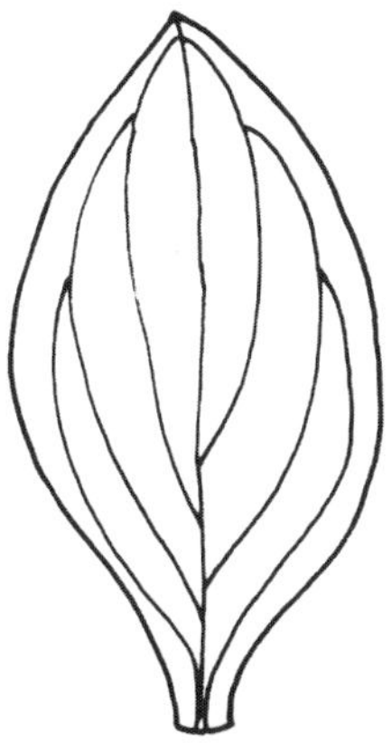		
glatter Blattrand	Blatt gelappt	Blatt handförmig geteilt

Manchmal ist ein Blatt in mehrere Teilblätter gegliedert.

Beispiele:

		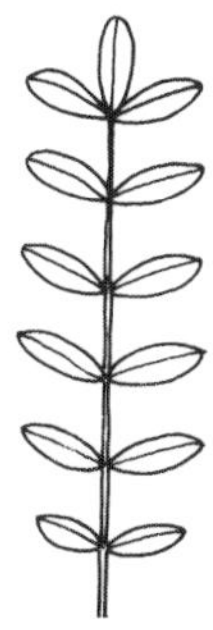	
Blatt dreigeteilt	Blatt fingerförmig unterteilt	Blatt in viele Teilblättchen unterteilt	Blatt mehrfach unterteilt

Welche Blütenfarbe hat deine Wiesenblume?

Blütenfarbe	▶ Steckbriefe
Blau	▶ Steckbriefe 1–5
Violett	▶ Steckbriefe 6–16
Rosa/Rot	▶ Steckbriefe 17–29
Gelb	▶ Steckbriefe 30–55
Grün	▶ Steckbriefe 56–58
Weiß	▶ Steckbriefe 59–75
Zweifarbig	▶ Steckbriefe 76–82

Blütenfarbe **Blau** Steckbrief 1

Blüte

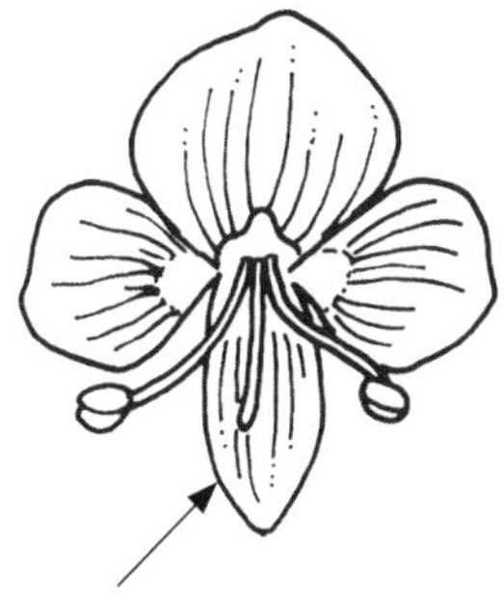

Blatt

Name	**Gamander-Ehrenpreis**
Größe	15–30 cm
Blühzeit	April–Juni
Standort	eher trockene Wiesen
Bestäubung der Blüten	durch Bienen, Fliegen und kleine Tagfalter
Ausbreitung der Samen	Bei Regen werden die Samen durch herabfallende Tropfen fortgeschleudert.
Kennzeichen	– Blüten mit 4 blauen Kronblättern – nach unten gerichtetes Kronblatt etwas kleiner als die anderen drei Kronblätter (—►).

Die Samen des Gamander-Ehrenpreises sind schüsselartig geformt. Sie können wie Schiffchen auf dem Regenwasser schwimmen, bis sie irgendwo liegen bleiben und von Ameisen verschleppt werden.

Ähnliche Pflanze: Auf Wiesen kommt noch eine zweite Ehrenpreis-Art vor: der Quendel-Ehrenpreis. Er unterscheidet sich vom Gamander-Ehrenpreis in der Form seiner Blätter. Diese sind runder, außerdem ist der Blattrand glatt.

Blütenfarbe **Blau** Steckbrief 2

Blüte

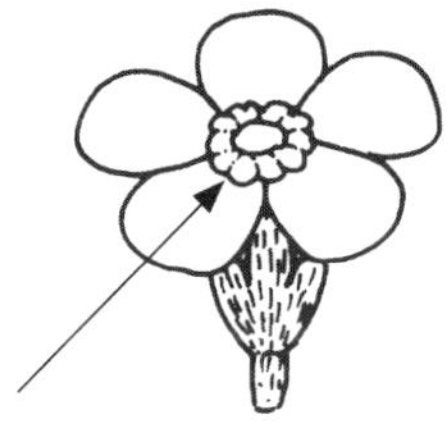

Blatt

Name	**Sumpf-Vergissmeinnicht**
Größe	15–40 cm
Blühzeit	Mai–Oktober
Standort	nur feuchte Wiesen
Bestäubung der Blüten	durch Bienen, Falter und Fliegen mit langen Rüsseln
Ausbreitung der Samen	Die Pflanze wird durch den Wind oder durch Tiere erschüttert und streut dabei ihre Samen aus. Diese können auch schwimmen.
Kennzeichen	– Blüten mit 5 blauen Kronblättern – gelber Ring in der Mitte der Blüte (—►)

Das Vergissmeinnicht gilt seit langer Zeit als Symbol der Liebe und Erinnerung. Deshalb schenkten sich früher Liebende diese Pflanze als Andenken zum Abschied. Entsprechende Namen trägt sie auch in anderen Sprachen: In England beispielsweise nennt man sie Forget-me-not.

Blütenfarbe **Blau** Steckbrief 3

Blüte

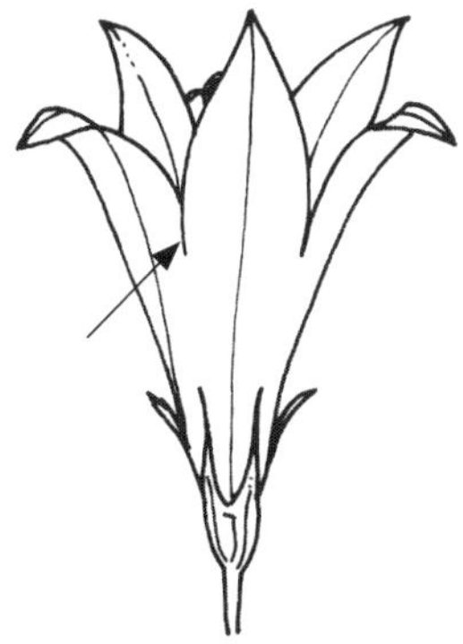

Blatt (unten)

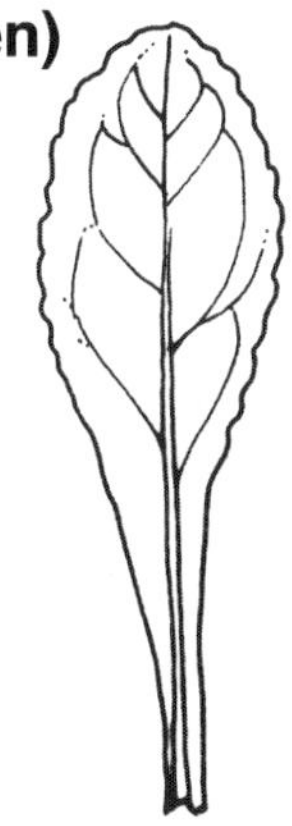

Name	**Wiesen-Glockenblume**
Größe	30–60 cm
Blühzeit	Mai–Juli
Standort	feuchte und trockene Wiesen
Bestäubung der Blüten	durch Insekten, vor allem durch Bienen und Hummeln
Ausbreitung der Samen	Die Pflanze wird durch den Wind erschüttert und streut dabei ihre Samen aus.
Kennzeichen	– 5 blaue Kronblätter zu einer Art „Glocke“ verwachsen – Kronblätter etwa bis zur Mitte eingeschnitten (—►) – unterste Blätter lang und oval

Der Name Glockenblume leitet sich von der auffälligen Blütenform ab.
Die Samen der Wiesen-Glockenblume sind „Ballonflieger“: Sie sind mit kleinen Luftsäckchen ausgestattet und können so – wie ein Luftballon – durch den Wind recht weit fortgetragen werden.

Blütenfarbe **Blau** Steckbrief 4

Blüte

Blatt (unten)

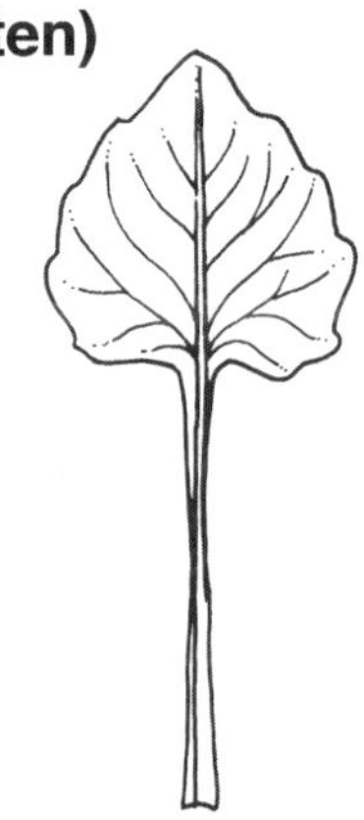

Name	**Rundblättrige Glockenblume**
Größe	15–50 cm
Blühzeit	Juni–September
Standort	eher trockene Wiesen
Bestäubung der Blüten	durch Insekten, vor allem durch Bienen und Hummeln
Ausbreitung der Samen	Die Pflanze wird durch den Wind erschüttert und streut dabei ihre Samen aus.
Kennzeichen	– 5 blaue Kronblätter zu einer Art „Glocke“ verwachsen – Kronblätter nur wenig eingeschnitten (—►) – unterste Blätter rund bis herzförmig

Der Name Glockenblume leitet sich von der auffälligen Blütenform ab. Die Samen der Rundblättrigen Glockenblume sind „Ballonflieger“: Sie sind mit kleinen Luftsäckchen ausgestattet und können so – wie ein Luftballon – durch den Wind recht weit fortgetragen werden.

Blütenfarbe **Blau** — Steckbrief 5

Blüte

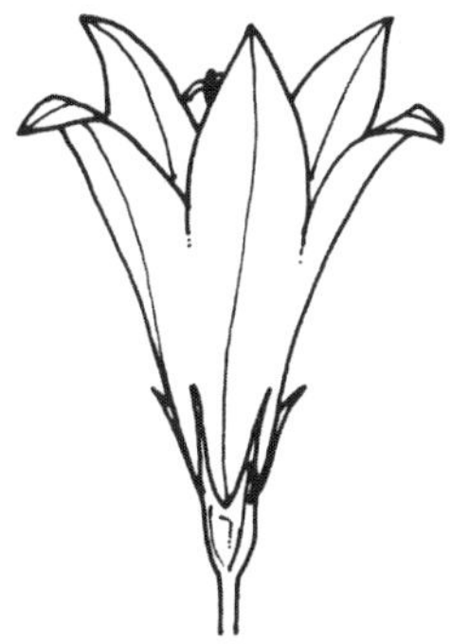

Blatt (unten)

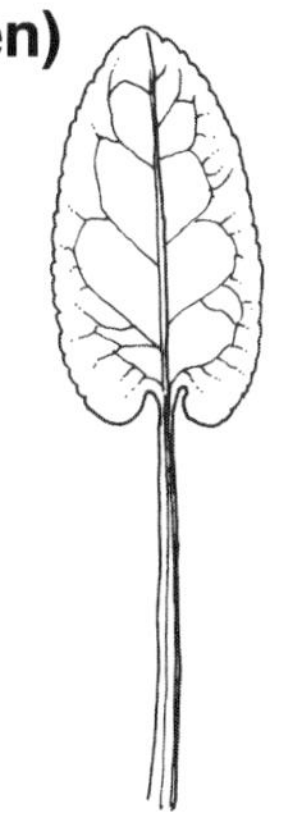

Name	Büschel-Glockenblume
Größe	15–70 cm
Blühzeit	Mai–September
Standort	trockene Wiesen
Bestäubung der Blüten	durch Insekten, vor allem durch Bienen und Hummeln
Ausbreitung der Samen	Die Pflanze wird durch den Wind erschüttert und streut dabei ihre Samen aus.
Kennzeichen	– 5 blaue Kronblätter zu einer Art „Glocke“ verwachsen – 8–30 Blüten in Büscheln (⟶)

Der Name Glockenblume leitet sich von der auffälligen Blütenform ab. Die Samen der Büschel-Glockenblume sind „Ballonflieger“: Sie sind mit kleinen Luftsäckchen ausgestattet und können so – wie ein Luftballon – durch den Wind recht weit fortgetragen werden.

Blütenfarbe **Violett** Steckbrief 6

Blüte

Blatt

Name	**Wiesen-Storchschnabel**
Größe	30–60 cm
Blühzeit	Juni–September
Standort	eher trockene Wiesen
Bestäubung der Blüten	durch Bienen und Schwebfliegen
Ausbreitung der Samen	Die reifen Früchte springen auf und die Samen werden dabei weggeschleudert.
Kennzeichen	– Blüten mit 5 violetten Kronblättern – Früchte sehen aus wie lange spitze Schnäbel (—►)

Wenn die Blüten verblühen, bilden sich lange, spitze Früchte aus, die an den Schnabel eines Storches erinnern. So erklärt sich der deutsche Name Storchschnabel.

Ähnliche Pflanzen: Auf eher feuchten Wiesen kommen zwei weitere Storchschnabel-Arten vor: der *Wald-Storchschnabel* und der *Sumpf-Storchschnabel*. Beide besitzen in der Mitte der Blüte einen hellen Fleck.
Blütenfarbe Wald-Storchschnabel: Rot-Violett
Blütenfarbe Sumpf-Storchschnabel: Rötlich

Blütenfarbe **Violett** Steckbrief 7

Blüte

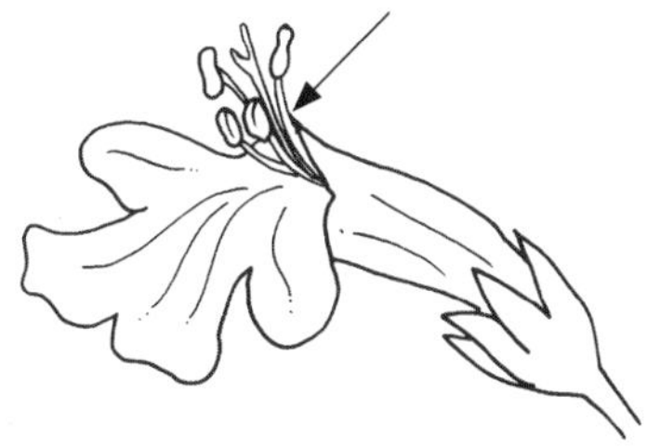

Blatt

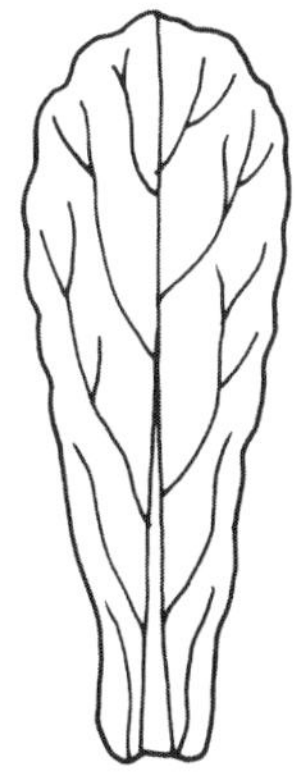

Name	**Kriechender Günsel**
Größe	10–30 cm
Blühzeit	Mai–August
Standort	feuchte und trockene Wiesen
Bestäubung der Blüten	durch Hummeln und Schmetterlinge
Ausbreitung der Samen	Die Samen fallen bei Erschütterung herunter; am Boden liegende Samen werden durch Ameisen verschleppt.
Kennzeichen	– violette Kronblätter zu einer Röhre verwachsen – nach oben gerichtetes Kronblatt ist so kurz, dass man es kaum erkennen kann (⟶)

Der Kriechende Günsel breitet sich nicht nur durch Samen aus; er bildet auch am Boden entlangwachsende Sprosse aus, die als Ausläufer bezeichnet werden. Diese werden bis zu 20 cm lang und bilden immer wieder Wurzeln und neue Triebe aus. In Wildgärten ist der Kriechende Günsel deshalb ein beliebter Bodenbedecker.

Blütenfarbe **Violett** Steckbrief 8

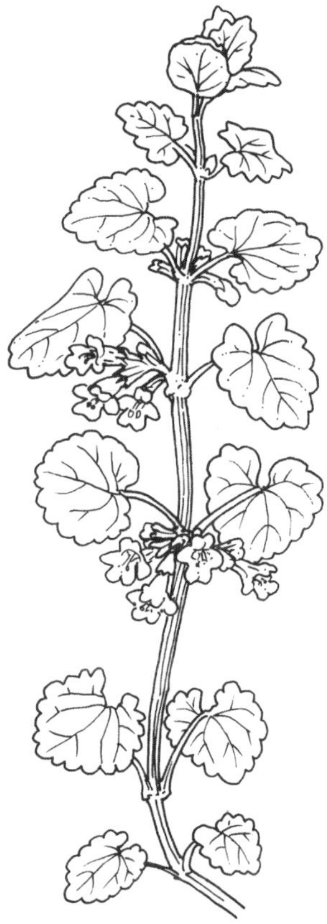

Blüte

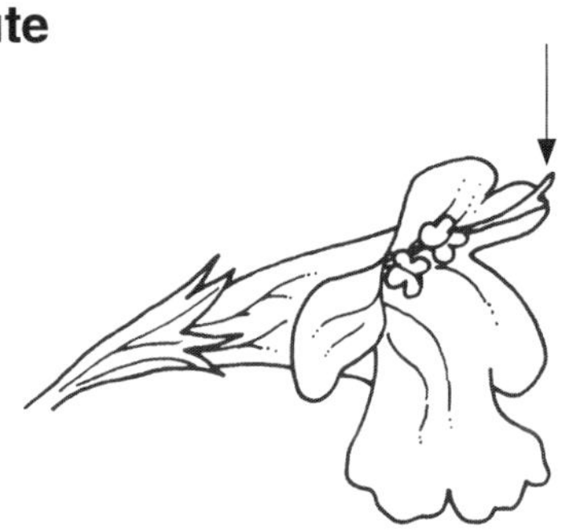

Blatt

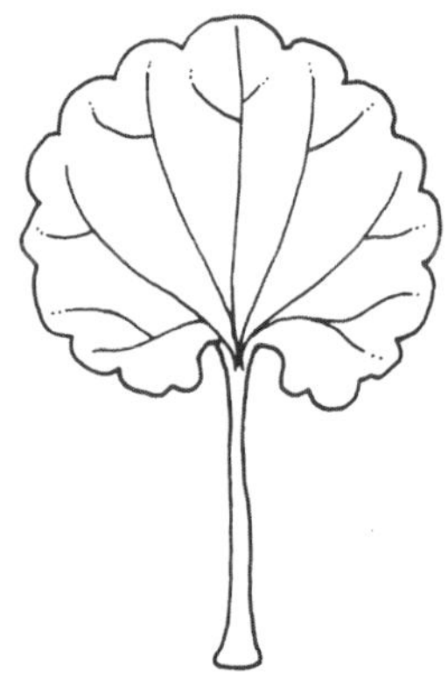

Name	**Gundermann**
Größe	15–60 cm
Blühzeit	März–Mai
Standort	feuchte und trockene Wiesen
Bestäubung der Blüten	durch Insekten mit langen Rüsseln
Ausbreitung der Samen	Die Samen fallen bei Erschütterung herunter; am Boden liegende Samen werden durch Ameisen verschleppt.
Kennzeichen	– violette Kronblätter zu einer Röhre verwachsen – nach oben gerichtetes Kronblatt deutlich erkennbar, y-förmige Narbe ragt darunter hervor (—►)

Der Gundermann breitet sich nicht nur durch Samen aus; er bildet auch am Boden entlangwachsende Sprosse aus, die als Ausläufer bezeichnet werden. Diese können über 1 m lang werden und bilden an den Blattansatzstellen Wurzeln. In Wildgärten gilt der Gundermann daher als beliebter Bodenbedecker.
Für die alten Germanen war der Gundermann eine Zauberpflanze. Sie glaubten, dass jemand, der sich in der Walpurgisnacht einen Gundermann-Kranz um den Kopf schlingt, Hexen erkennen kann. Außerdem wurde der Gundermann früher als Heilpflanze bei schlecht heilenden Wunden und bei Verdauungsstörungen verwendet.

Blütenfarbe **Violett** Steckbrief 9

Blüte

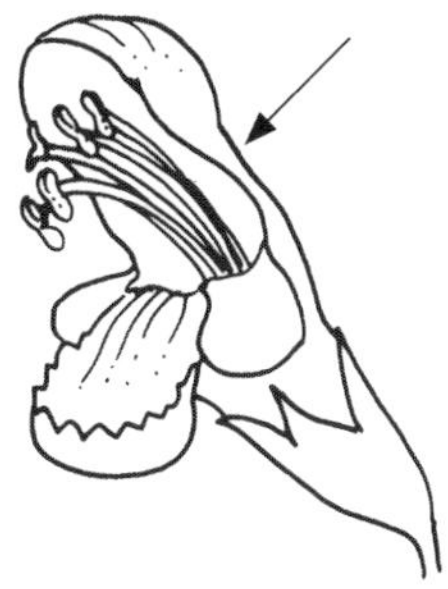

Blatt

Name	**Kleine Braunelle**
Größe	10–20 cm
Blühzeit	Mai–Oktober
Standort	feuchte und trockene Wiesen
Bestäubung der Blüten	durch Hummeln
Ausbreitung der Samen	Die Samen werden bei Erschütterung herausgeschleudert.
Kennzeichen	– violette Kronblätter zu einer Röhre verwachsen – nach oben gerichtetes Kronblatt helmförmig (⟶), Staubblätter und Griffel sind darin verborgen

Wenn Regentropfen auf das untere Blütenblatt der Kleinen Braunelle fallen und die Blüte erschüttern, werden die Samen herausgeschleudert und fallen auf den Boden. Da sie klebrig sind, bleiben sie beispielsweise an den Hufen von Weidetieren kleben und werden auf diese Art ausgebreitet.
Es gibt auch einen Singvogel namens Braunelle; mit der Pflanze hat dieser Vogel allerdings nichts zu tun!

Blütenfarbe **Violett** Steckbrief 10

Blüte

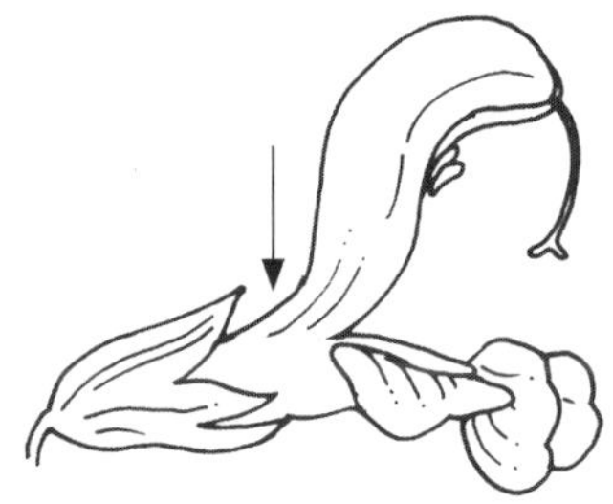

Blatt

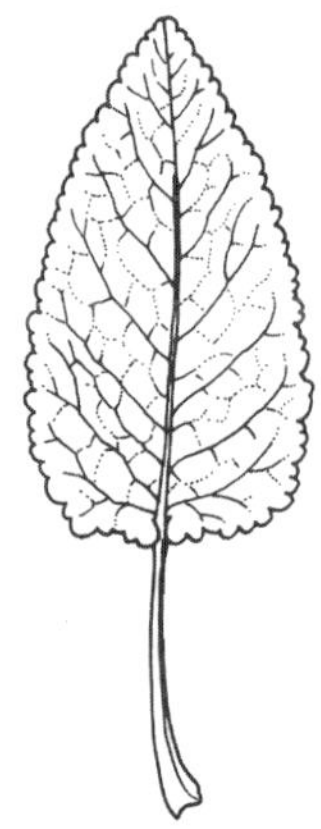

Name	**Wiesen-Salbei**
Größe	20–60 cm
Blühzeit	Mai–Juli
Standort	nur trockene Wiesen
Bestäubung der Blüten	durch Insekten mit langen Rüsseln, vor allem Hummeln
Ausbreitung der Samen	Die Planze wird durch den Wind oder durch Tiere erschüttert und streut dabei ihre Samen aus.
Kennzeichen	– violette Kronblätter zu einer Röhre verwachsen (→) – Blätter runzelig

Die Bestäubung der Salbei-Blüten ist besonders raffiniert: Das untere Blütenblatt dient als Landeplatz für Insekten. Um an den Nektar zu gelangen, müssen diese in die Blütenröhre krabbeln. Eine Art Platte versperrt ihnen aber den Weg. Kräftige Insekten wie beispielsweise Hummeln können diese Platte nach hinten drücken. Dabei bewegen sich die Staubblätter nach unten und bepudern den Rücken der Tiere mit Pollen. So ziehen die Hummeln dann weiter zur nächsten Blüte, wo ein Teil des Pollens an der herunterhängenden Narbe abgestreift und die Blüte bestäubt wird.
Als Heilpflanze ist nur der Echte Salbei von Bedeutung. Er wird bei Entzündungen im Mund- und Rachenraum verwendet.

Blütenfarbe **Violett** Steckbrief 11

Blüte

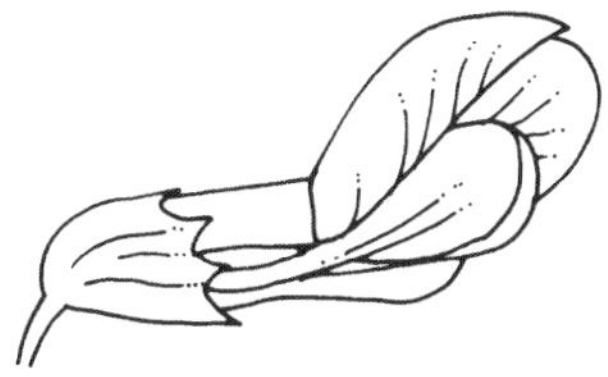

Blatt

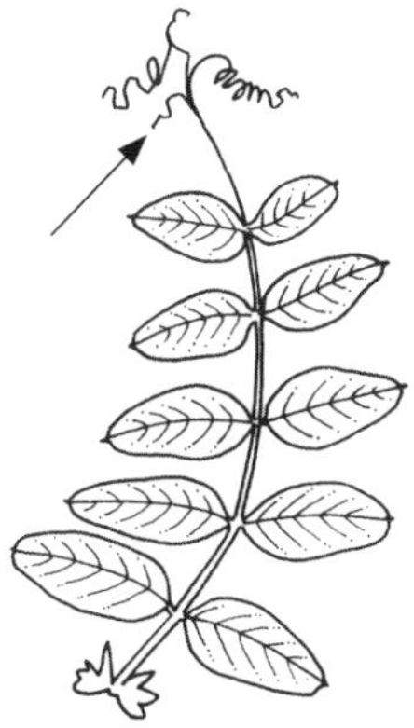

Name	**Zaun-Wicke**
Größe	30–60 cm
Blühzeit	Mai–August
Standort	eher trockene Wiesen
Bestäubung der Blüten	durch Hummeln
Ausbreitung der Samen	Die reifen Früchte springen auf und die Samen werden dabei ausgeschleudert; die kugeligen Samen rollen am Boden.
Kennzeichen	– Blütenform: Schmetterlingsblüte – Blätter mit Ranken (—►) – Blätter bestehen aus 4–8 Teilblättchen-Paaren

Mithilfe der Blattranken kann sich die Zaun-Wicke an anderen Pflanzen oder an Zäunen abstützen und so in die Höhe klettern. Die Kronblätter sind so fest, dass nur kräftige Hummeln sie aufdrücken können. Die Zaun-Wicke gehört – wie auch die Erbse oder die Bohne – zur Pflanzenfamilie der Schmetterlingsblütler. Aufgrund ihres Eiweißgehaltes gelten die Schmetterlingsblütler als wertvolle Futterpflanzen.

Blütenfarbe **Violett** Steckbrief 12

Blüte

Blatt

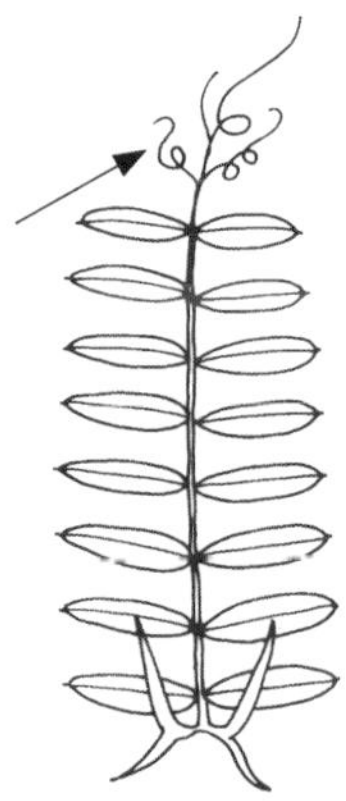

Name	**Vogel-Wicke**
Größe	30–150 cm
Blühzeit	Juni–August
Standort	feuchte und trockene Wiesen
Bestäubung der Blüten	durch Schmetterlinge und Bienen
Ausbreitung der Samen	Die reifen Früchte springen auf und die Samen werden dabei ausgeschleudert; die kugeligen Samen rollen am Boden.
Kennzeichen	– Blütenform: Schmetterlingsblüte – Blätter mit Ranken (→) – Blätter bestehen normalerweise aus mindestens 8 Teilblättchen-Paaren

Mithilfe der Blattranken kann sich die Vogel-Wicke an anderen Pflanzen oder an Zäunen abstützen und so in die Höhe klettern. Die Blüten werden in der Regel von Schmetterlingen und Bienen besucht. Für Hummeln sind sie zu eng. Um dennoch an den Nektar zu gelangen, bohren sie sich manchmal seitlich ein Loch in die Blüte! Die Vogel-Wicke gehört – wie auch die Erbse oder die Bohne – zur Pflanzenfamilie der Schmetterlingsblütler. Aufgrund ihres Eiweißgehaltes gelten die Schmetterlingsblütler als wertvolle Futterpflanzen.

Blütenfarbe **Violett** Steckbrief 13

Blütenstand

Blatt

Name	**Wiesen-Witwenblume**
Größe	30–80 cm
Blühzeit	Juli–August
Standort	eher trockene Wiesen
Bestäubung der Blüten	durch Insekten, hauptsächlich durch Bienen und Schmetterlinge
Ausbreitung der Samen	Die Samen fallen bei Erschütterungen herunter; am Boden liegende Samen werden durch Ameisen verschleppt.
Kennzeichen	– Viele Blüten bilden einen Blütenstand. Sie sitzen so dicht, dass alle zusammen aussehen wie eine große Blüte. – Der Stängel ist rund und dicht behaart.

Früher wurden die Blätter der Wiesen-Witwenblume zur Behandlung von Hauterkrankungen verwendet. Der Name Witwenblume leitet sich von einer nah verwandten Blume ab, die dunkelrot bis schwarz gefärbte Blüten hat und deshalb in England Poor Widow (= Arme Witwe) genannt wird.

Blütenfarbe **Violett** Steckbrief 14

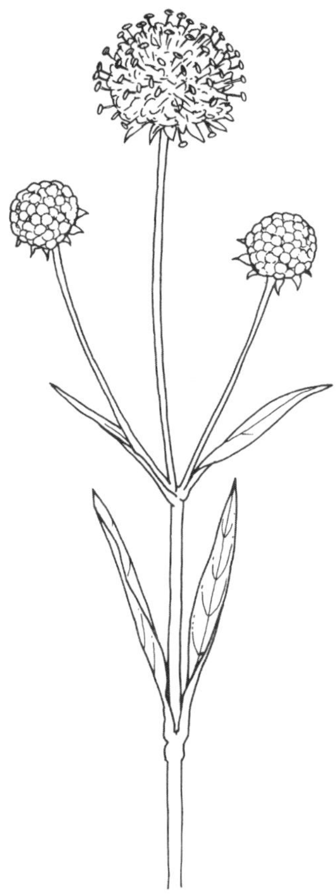

Blütenstand

Blatt

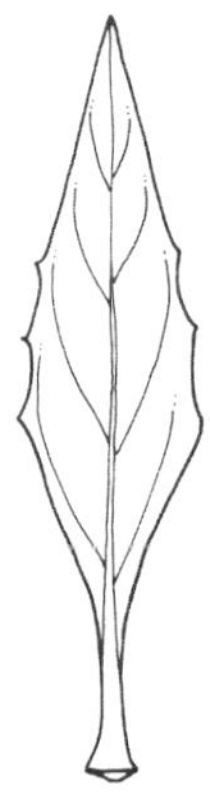

Name	**Gewöhnlicher Teufelsabbiss**
Größe	30–110 cm
Blühzeit	Juli–Oktober
Standort	eher feuchte Wiesen
Bestäubung der Blüten	hauptsächlich durch Schmetterlinge, Bienen und Fliegen
Ausbreitung der Samen	Die Pflanze wird durch den Wind oder durch Tiere erschüttert und streut dabei ihre Samen aus.
Kennzeichen	– Viele Blüten bilden einen Blütenstand. Sie sitzen so dicht, dass alle zusammen aussehen wie eine große Blüte. – Zwei Blätter stehen sich am Stängel immer gegenüber.

Der Name Teufelsabbiss leitet sich von der Form der Wurzel ab: Diese sieht aus, als ob sie jemand abgeschnitten oder abgebissen hätte. Da die Menschen früher keine Erklärung dafür hatten, glaubten sie, der Teufel habe die Wurzel abgebissen, weil er ihnen die heilende Wirkung der Wurzel nicht gönnte. So lautet zumindest die Sage!

Blütenfarbe **Violett** Steckbrief 15

Blütenstand

Blatt

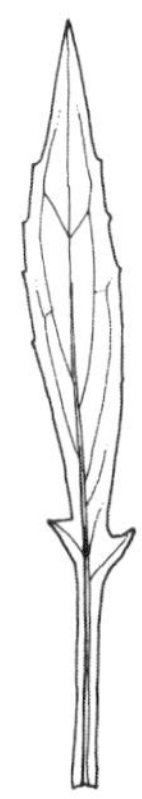

Name	**Wiesen-Flockenblume**
Größe	30–100 cm
Blühzeit	Juni–Oktober
Standort	trockene Wiesen
Bestäubung der Blüten	durch Insekten, hauptsächlich durch Bienen und Schmetterlinge
Ausbreitung der Samen	Die Samen fallen zu Boden und werden durch Ameisen oder durch Weidetiere verschleppt.
Kennzeichen	– Viele Blüten bilden einen Blütenstand. Sie sitzen so dicht, dass alle zusammen aussehen wie eine große Blüte. – Die Blätter sind lang und schmal.

Die Wiesen-Flockenblume enthält einen hohen Anteil an Gerbstoffen und wird deshalb vom Weidevieh nicht gern gefressen. Für eine große Anzahl von Schmetterlingen ist sie jedoch eine wichtige Nahrungspflanze. Die Falter saugen den Nektar aus ihren Blüten und die Larven fressen ihre Blätter.

Blütenfarbe **Violett** — Steckbrief 16

Blütenstand

Blatt

Name	**Skabiosen-Flockenblume**
Größe	60–130 cm
Blühzeit	Juli–August
Standort	trockene Wiesen
Bestäubung der Blüten	durch Insekten, hauptsächlich durch Bienen und Fliegen
Ausbreitung der Samen	Die Samen fallen zu Boden und werden durch Ameisen oder durch Weidetiere verschleppt.
Kennzeichen	– Viele Blüten bilden einen Blütenstand. Sie sitzen so dicht, dass alle zusammen aussehen wie eine große Blüte. – Die Stängel sind kantig und kahl.

Am Stängel der Skabiosen-Flockenblume legen Gallwespen gerne ihre Eier ab. Die Eier werden von der Pflanze umwachsen und vollständig eingehüllt. Solche Anschwellungen nennt man Gallen. In diesen Gallen entwickeln sich die Larven der Gallwespe. Sie ernähren sich von den Wucherungen, bis sie sich verpuppen und ausschlüpfen.

Blütenfarbe **Rosa (oder Weiß)** Steckbrief 17

Blüte

Blatt

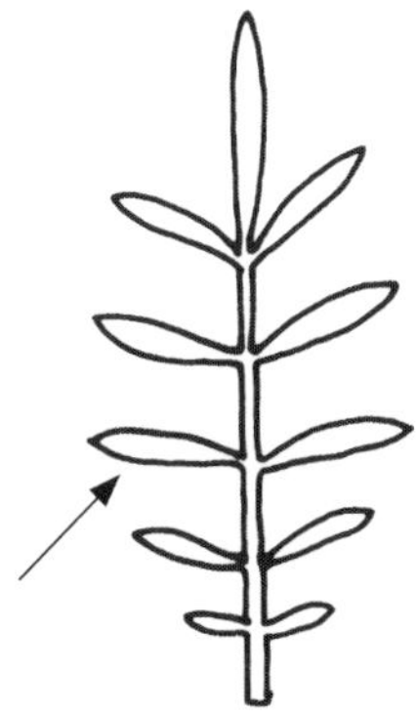

Name	**Wiesen-Schaumkraut**
Größe	15–30 cm
Blühzeit	April–Juni
Standort	feuchte und trockene Wiesen
Bestäubung der Blüten	durch Bienen und Falter
Ausbreitung der Samen	Die reifen Früchte springen auf und die Samen werden dabei weggeschleudert.
Kennzeichen	– Blüten mit 4 rosa oder weißen Kronblättern – Blätter unterteilt, Teilblätter lang und schmal (→)

Die reifen Früchte des Wiesen-Schaumkrauts öffnen sich explosionsartig. Dabei können die Samen mehr als 2 m weit weggeschleudert werden!
Das Wiesen-Schaumkraut enthält Vitamin C, Bitterstoffe und andere Stoffe, die senfartig schmecken. Junge Pflanzen werden deshalb gerne als Zutat für Wildkräutersalate verwendet.

Blütenfarbe **Rosa (oder Weiß)** Steckbrief 18

Blätter im Frühling

Blüte im Herbst

Name	**Herbst-Zeitlose**
Größe	5–20 cm
Blühzeit	August–Oktober
Standort	feuchte Wiesen
Bestäubung der Blüten	durch Bienen, Schmetterlinge und Fliegen mit langen Rüsseln
Ausbreitung der Samen	Die Samen fallen bei Erschütterung herunter. Am Boden liegende Samen werden durch Ameisen und Weidetiere verschleppt.
Kennzeichen	– Blüten mit 6 rosa oder weißen Blütenblättern – im Frühjahr nur Blätter und keine Blüten, im Herbst nur Blüten und keine Blätter

Die Herbst-Zeitlose ist im Vergleich zu den meisten Wiesenblumen sehr ungewöhnlich: Sie blüht erst im Spätsommer oder im Herbst, wenn die anderen schon verblüht sind. Die Früchte entwickeln sich im Laufe des Winters unter der Erde. Die Samen werden im Frühjahr zusammen mit den austreibenden Blättern freigesetzt. In einer Zwiebel werden Reservestoffe gespeichert und die Blätter verschwinden wieder. Erst im Herbst treiben aus der Zwiebel die Blüten aus.

Blütenfarbe **Rosa** Steckbrief 19

Blüte

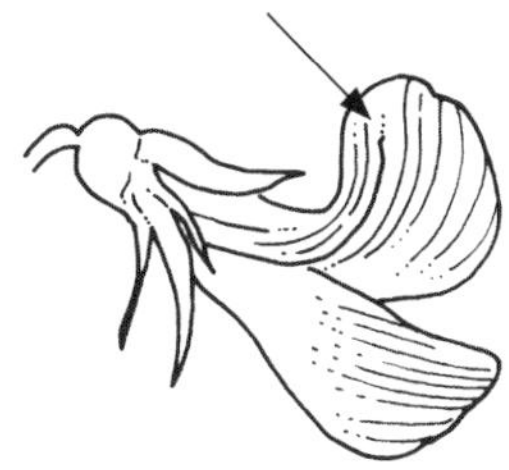

Blatt

Name	**Futter-Esparsette**
Größe	30–60 cm
Blühzeit	Mai–Juli
Standort	nur trockene Wiesen
Bestäubung der Blüten	durch Schmetterlinge und Bienen
Ausbreitung der Samen	Die stacheligen Früchte bleiben wie Kletten an Tieren haften und werden so fortgetragen.
Kennzeichen	– Blütenform: Schmetterlingsblüte – Blüte außen mit rot-violetten Längsstreifen (—►)

Die Futter-Esparsette hat einen sehr guten Futterwert und gibt ein hochwertiges Heu. Deshalb wurde sie früher oft als Futterpflanze angebaut.
Da die Futter-Esparsette eine sehr lange Pfahlwurzel hat, wird sie auch gern als Bodenbefestiger an Straßenböschungen ausgesät.

Blütenstand

Blatt

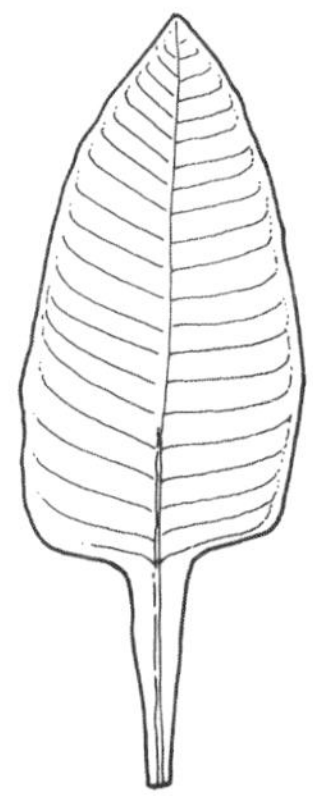

Name	**Schlangen-Knöterich**
Größe	30–120 cm
Blühzeit	Mai–August
Standort	eher feuchte Wiesen
Bestäubung der Blüten	durch Insekten
Ausbreitung der Samen	Die Pflanze wird durch den Wind oder durch Tiere erschüttert und streut dabei ihre Samen aus.
Kennzeichen	– Viele kleine Blüten bilden einen kolbenförmigen Blütenstand. Sie sitzen so dicht, dass alle zusammen aussehen wie eine große Blüte. – Die Blätter haben die Form einer Speerspitze.

Der Name Schlangen-Knöterich ist auf die s-förmige Wurzel der Pflanze zurückzuführen. Wegen seines bürstenartigen Blütenstandes nennt man den Schlangen-Knöterich im Volksmund auch „Zahnbürste“. Er wird von Weidetieren sehr gern gefressen. Die Blätter und Stängel können auch vom Menschen als Wildgemüse verzehrt werden.

Blütenfarbe **Rosa/Rot** Steckbrief 21

Blüte

Blatt

Name	**Kuckucks-Lichtnelke**
Größe	30–70 cm
Blühzeit	April–Juli
Standort	nur feuchte Wiesen
Bestäubung der Blüten	durch Falter und Bienen mit langen Rüsseln
Ausbreitung der Samen	Die Pflanze wird durch den Wind oder durch Tiere erschüttert und streut dabei ihre Samen aus.
Kennzeichen	– Blüten mit 5 rosa-roten Kronblättern – Kronblätter „ausgefranst“ (—►)

Im Frühjahr kann man häufig eine weiße Schaummasse an der Kuckucks-Lichtnelke finden. Lange Zeit hielt man den Schaum für „Kuckucksspeichel“, da der Kuckuck in dieser Zeit aus seinem Winterquartier zurückkommt und seine Ankunft durch lautes Rufen verkündet. Dies erkärt auch den Namen Kuckucks-Lichtnelke. Tatsächlich handelt es sich hierbei um einen Schaum, den eine Zikade ablegt. In den Schaum bettet sie ihre Eier ein.

Blütenfarbe **Rosa/Rot** Steckbrief 22

Blüte

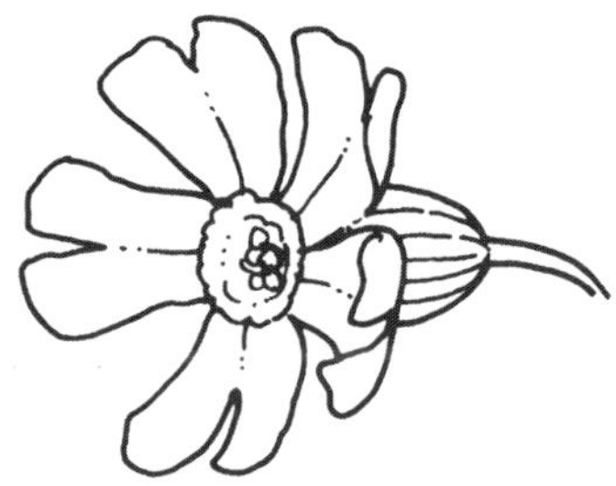

Blatt

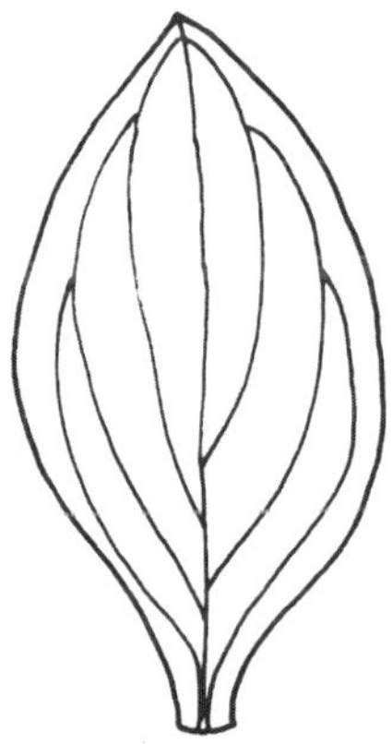

Name	**Rote Lichtnelke**
Größe	30–100 cm
Blühzeit	eher trockene Wiesen
Standort	April–September
Bestäubung der Blüten	durch Tagfalter und andere Insekten mit langen Rüsseln (z. B. Hummeln oder Bienen)
Ausbreitung der Samen	Die Pflanze wird durch den Wind oder durch Tiere erschüttert und streut dabei ihre Samen aus.
Kennzeichen	– Blüten mit 5 rosa-roten Kronblättern – Stängel mit vielen Härchen

Bei der Roten Lichtnelke gibt es männliche und weibliche Pflanzen: In den Blüten der männlichen Pflanzen sind nur Staubblätter mit dem Pollen vorhanden, in den Blüten der weiblichen Pflanzen hingegen nur Narbe, Griffel und Fruchtknoten. Weil der Blütenkelch relativ lang ist, können ausschließlich langrüsselige Insekten den Nektar tief im Inneren der Blüte erreichen.

Blütenfarbe **Rosa/Rot** Steckbrief 23

Blüte

Blatt

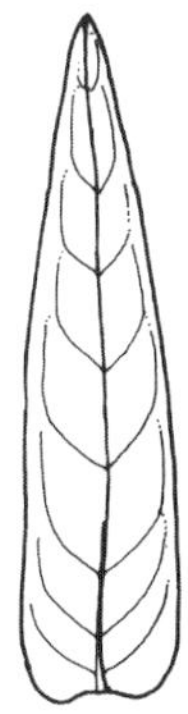

Name	**Blut-Weiderich**
Größe	50–120 cm
Blühzeit	Juni–September
Standort	feuchte und trockene Wiesen
Bestäubung der Blüten	vor allem durch Schwebfliegen, Bienen und Schmetterlinge
Ausbreitung der Samen	Die Pflanze wird durch den Wind oder durch Tiere erschüttert und streut dabei ihre Samen aus.
Kennzeichen	– Blüten mit 6 rosa-roten Kronblättern – 2 Blätter stehen sich immer gegenüber

Die Blüten des Blut-Weiderichs sehen von Pflanze zu Pflanze etwas unterschiedlich aus; die Länge des Griffels und der Staubblätter ist nicht immer gleich.
Der Blut-Weiderich enthält Gerbsäure. Deshalb wurde früher sein Saft zum Gerben von Leder verwendet. Auch Seile und Holz wurden damit behandelt, um sie länger haltbar zu machen.

Blütenfarbe **Rosa/Rot** Steckbrief 24

Blütenstand

Blatt

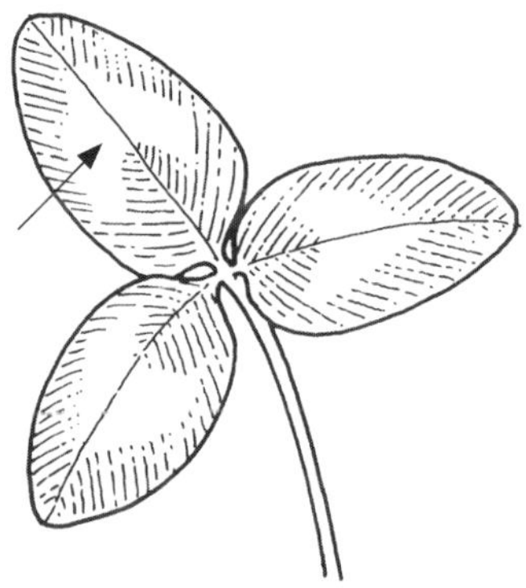

Name	**Rot-Klee**
Größe	15–30 cm
Blühzeit	Juni–Oktober
Standort	feuchte und trockene Wiesen
Bestäubung der Blüten	durch langrüsselige Hummeln und Schmetterlinge
Ausbreitung der Samen	Durch den Wind: Die Samen sind mit Flugschirmchen ausgestattet. Am Boden liegende Samen werden von Ameisen verschleppt.
Kennzeichen	– Viele Blüten bilden einen Blütenstand. Die Blüten sitzen so dicht, dass alle zusammen aussehen wie eine große Blüte. – Die Stängel wachsen aufrecht, nicht kriechend. – Die dreigeteilten Blätter haben ein weißes Muster (⟶).

Der Rot-Klee ist eine ertragreiche, hochwertige Futterpflanze und wird seit langer Zeit als Viehfutter angebaut. Auf diese vom Menschen sehr geschätzten Eigenschaften geht auch das Sprichwort zurück „etwas über den grünen Klee loben". Die Blätter des Rot-Klees lassen sich wie Spinat kochen. Die Blütenstände können als essbare Salatdekoration verwendet werden.

Blütenfarbe **Rosa/Rot** Steckbrief 25

Blütenstand

Blatt

Name	**Sumpf-Kratzdistel**
Größe	50–150 cm
Blühzeit	Mai–Juni
Standort	feuchte Wiesen
Bestäubung der Blüten	durch Insekten
Ausbreitung der Samen	Durch den Wind: Die Samen hängen an Flugschirmchen und können weit fliegen.
Kennzeichen	– Viele Blüten bilden einen Blütenstand. Sie sitzen so dicht, dass alle zusammen aussehen wie eine große Blüte. – Die Blätter und Stängel haben Dornen.

Die Sumpf-Kratzdistel ist eine wichtige Nahrungspflanze für viele Schmetterlinge, die Nektar aus ihren Blüten saugen. Wie ihr Name vermuten lässt, kommt die Sumpf-Kratzdistel nur auf sehr feuchten Wiesen vor.
Junge Blätter und Stängel können nach dem Entfernen der Dornen roh als Salat und gekocht als Gemüse oder in der Suppe gegessen werden.

Blütenfarbe **Rosa/Rot** Steckbrief 26

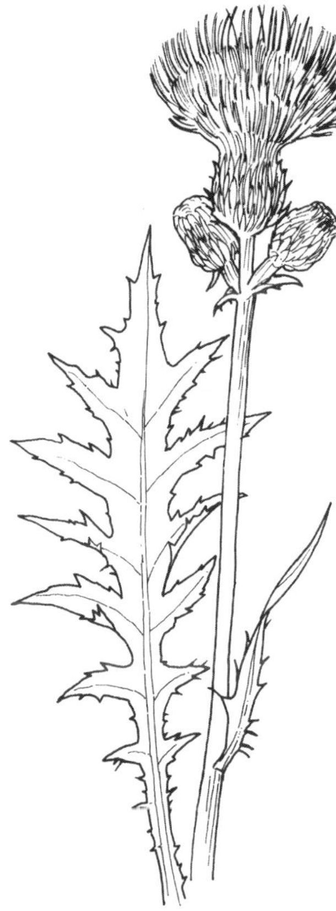

Blütenstand

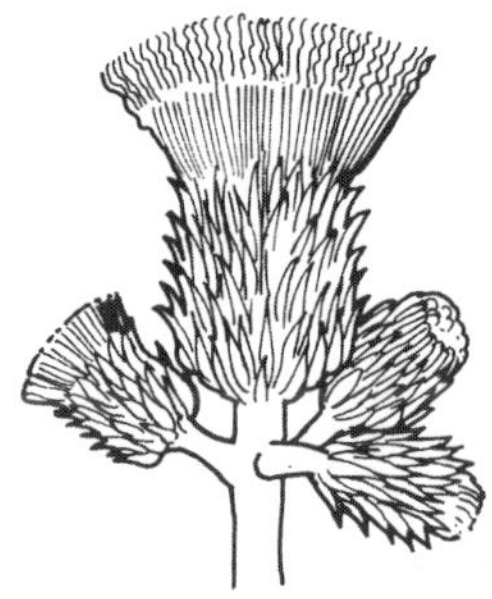

Blatt

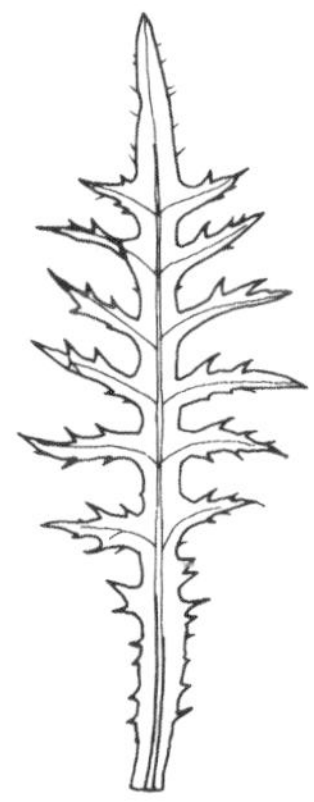

Name	**Bach-Kratzdistel**
Größe	30 – 100 cm
Blühzeit	Mai – Juli
Standort	nur feuchte Wiesen
Bestäubung der Blüten	durch Insekten
Ausbreitung der Samen	Durch den Wind: Die Samen hängen an Flugschirmchen und können weit fliegen.
Kennzeichen	– Viele Blüten bilden einen Blütenstand. Sie sitzen so dicht, dass alle zusammen aussehen wie eine große Blüte. – Die Blätter haben Dornen, die Stängel haben keine Dornen.

Wie ihr Name vermuten lässt, kommt die Bach-Kratzdistel nur auf sehr feuchten Wiesen vor. Junge Blätter und Stängel können nach dem Entfernen der Dornen roh als Salat und gekocht als Gemüse oder in der Suppe gegessen werden.

Blütenfarbe **Rot** Steckbrief 27

Blüte

Blatt

Name	**Bach-Nelkenwurz**
Größe	30–50 cm
Blühzeit	April–Juni
Standort	mehr oder weniger feuchte Wiesen
Bestäubung der Blüten	hauptsächlich durch Hummeln, Bienen und Schwebfliegen
Ausbreitung der Samen	Die Früchte haften wie Kletten. Sie bleiben z. B. im Fell von Tieren hängen und werden so transportiert.
Kennzeichen	– Blüten mit 5 roten Kronblättern – Kelchblätter zugespitzt (→), Kronblätter abgerundet

Die Wurzel der Bach-Nelkenwurz wird in der Naturheilkunde bei Magen- und Darmerkrankungen sowie bei Entzündungen eingesetzt. Sie kann auch zum Würzen als Nelkenersatz dienen. Die Blätter eignen sich für Wildkräutersalate.

Blütenfarbe **Rot** Steckbrief 28

Blütenstand

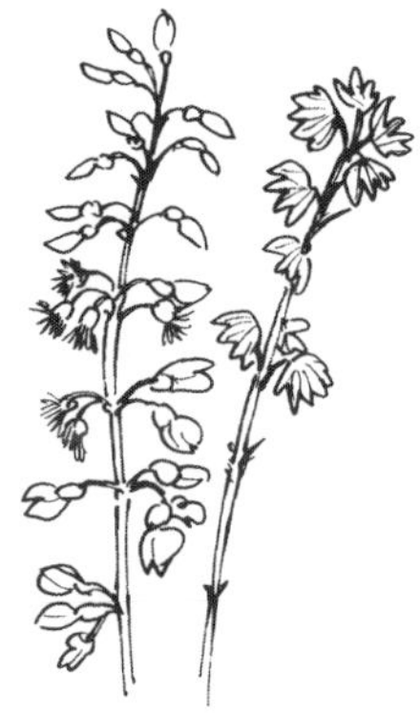

Blatt

Name	**Großer Sauerampfer**
Größe	30–80 cm
Blühzeit	Mai–Juni
Standort	feuchte und trockene Wiesen
Bestäubung der Blüten	durch den Wind
Ausbreitung der Samen	Durch den Wind; die Samen segeln lange in der Luft. Am Boden liegende Samen werden von Tieren verschleppt.
Kennzeichen	– Blüten klein, sitzen in lockeren Blütenständen zusammen – Blätter pfeilförmig

Der Sauerampfer kann als Wildgemüse gekocht oder roh gegessen werden. Er enthält viel Vitamin C, daneben allerdings auch Oxalsäure, welche in größeren Mengen für den Menschen gesundheitsschädlich ist. Deshalb sollte der Sauerampfer nur in kleinen Mengen verzehrt werden.

Blütenstand

Blatt

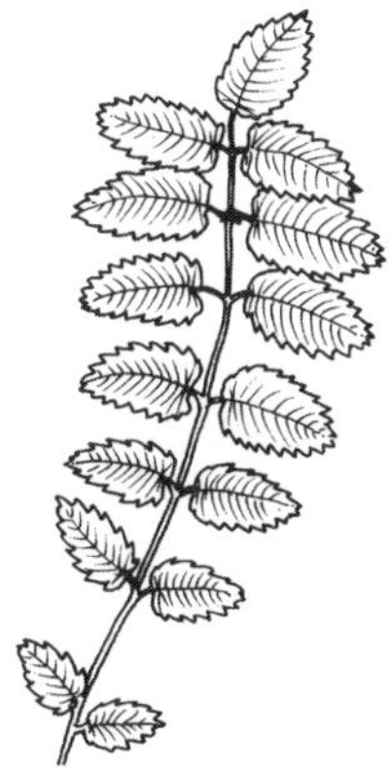

Name	**Großer Wiesenknopf**
Größe	60–150 cm
Blühzeit	Juni–August
Standort	eher feuchte Wiesen
Bestäubung der Blüten	durch Insekten
Ausbreitung der Samen	Die Pflanze wird durch den Wind oder durch Tiere erschüttert und streut dabei ihre Samen aus. Diese können auch schwimmen.
Kennzeichen	– Viele kleine Blüten bilden einen Blütenstand. Sie sitzen so dicht, dass alle zusammen aussehen wie eine große Blüte. – Die Blätter sind in Teilblättchen gegliedert, die an kurzen Stielen sitzen.

In der Pflanzenheilkunde gilt der Große Wiesenknopf als ein blutstillendes Mittel. Der lateinische (wissenschaftliche) Name der Pflanze lautet *Sanguisorba*. Das leitet sich von *sanguis* = Blut und *sorbere* = saugen ab. Der Wiesenknopf ist somit ein „Blutsauger"!

Blütenfarbe **Gelb** Steckbrief 30

Blüte

Blatt

Name	**Sumpf-Dotterblume**
Größe	15–50 cm
Blühzeit	März–Juni
Standort	feuchte Wiesen
Bestäubung der Blüten	durch Insekten, hauptsächlich durch Käfer
Ausbreitung der Samen	Die Samen werden durch Erschütterungen herausgeschleudert.
Kennzeichen	– Blüten mit 5 gelben Blütenblättern – Blätter groß und fast rund

Fallen Regentropfen in die kelchförmige Blüte, werden die Samen infolge der Erschütterung herausgeschleudert. Die Samen sind mit kleinen Luftkammern ausgestattet und können dadurch wie Schlauchboote auf dem Wasser schwimmen. Die Blüten enthalten den gelben Farbstoff Karotin. Früher wurden sie zum Färben von Butter verwendet. In manchen Gegenden wird die Sumpf-Dotterblume auch Butterblume genannt. Allerdings werden viele andere gelbe Pflanzen, die denselben Farbstoff enthalten, ebenfalls als Butterblumen bezeichnet.

Blüte

Blatt

Name	**Scharfer Hahnenfuß**
Größe	30–100 cm
Blühzeit	Mai–Juli
Standort	feuchte und trockene Wiesen
Bestäubung der Blüten	durch Insekten
Ausbreitung der Samen	Die Pflanze wird durch den Wind oder durch Tiere erschüttert und streut dabei ihre Samen aus.
Kennzeichen	– Blüten mit 5 gelben Blütenblättern – Blätter tief handförmig geteilt (—►)

Der deutsche Name Hahnenfuß leitet sich von der Form der Blätter ab, die an den Fußabdruck eines Hahnes erinnern.
Alle Hahnenfuß-Arten sind im frischen Zustand giftig. Die Giftigkeit verliert sich aber beim Trocknen. Das Heu kann deshalb vom Vieh gefressen werden.
Abgeschnittene Stängel können beim Menschen Hautreizungen hervorrufen.

Blütenfarbe **Gelb** Steckbrief 32

Blüte

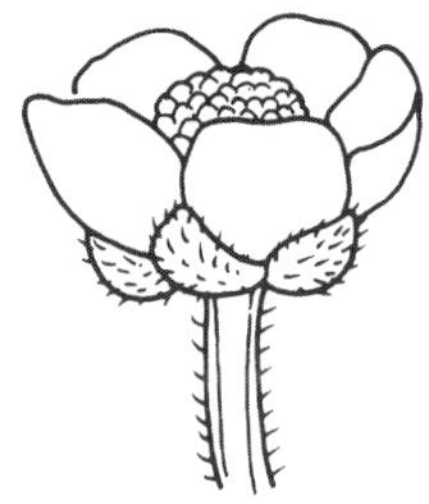

Blatt

Name	**Kriechender Hahnenfuß**
Größe	15–50 cm
Blühzeit	Mai–August
Standort	feuchte und trockene Wiesen
Bestäubung der Blüten	durch Insekten
Ausbreitung der Samen	Die Pflanze wird durch den Wind oder durch Tiere erschüttert und streut dabei ihre Samen aus.
Kennzeichen	– Blüten mit 5 gelben Blütenblättern – Blätter bestehen aus drei gestielten Teilblättchen (⟶)

Der deutsche Name Hahnenfuß leitet sich von der Form der Blätter ab, die an den Fußabdruck eines Hahnes erinnern.
Alle Hahnenfuß-Arten sind im frischen Zustand giftig. Die Giftigkeit verliert sich aber beim Trocknen. Das Heu kann deshalb vom Vieh gefressen werden.
Abgeschnittene Stängel können beim Menschen Hautreizungen hervorrufen. Der Kriechende Hahnenfuß bildet lange oberirdische Ausläufer und kann sich dadurch schnell ausbreiten.

Blütenfarbe **Gelb** Steckbrief 33

Blüte

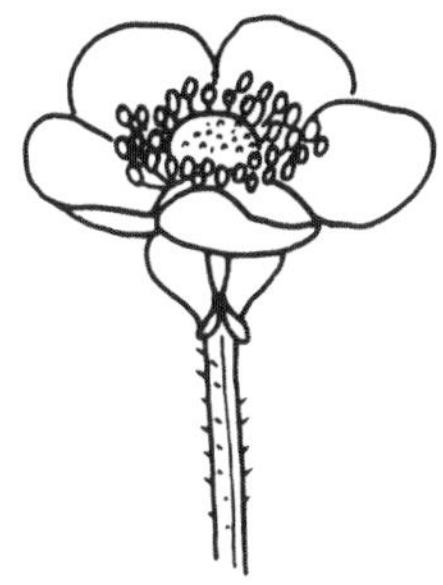

Blatt

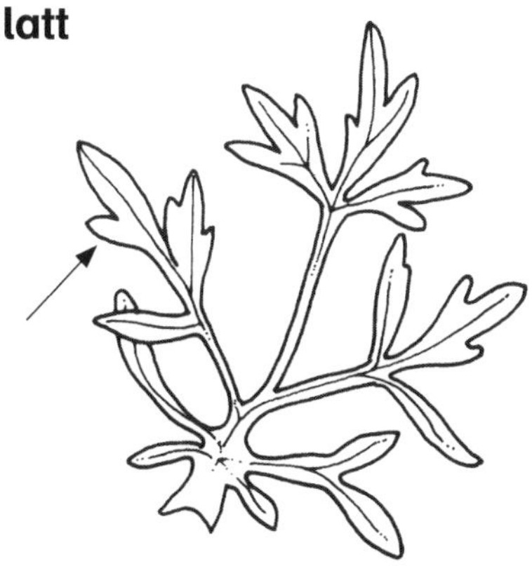

Name	**Knolliger Hahnenfuß**
Größe	15–50 cm
Blühzeit	Mai–August
Standort	trockene Wiesen
Bestäubung der Blüten	durch Insekten
Ausbreitung der Samen	Die Pflanze wird durch den Wind oder durch Tiere erschüttert und streut dabei ihre Samen aus.
Kennzeichen	– Blüten mit 5 gelben Blütenblättern – Blätter bestehen aus schmalen Teilblättern (—►)

Der deutsche Name Hahnenfuß leitet sich von der Form der Blätter ab, die an den Fußabdruck eines Hahnes erinnern.
Alle Hahnenfuß-Arten sind im frischen Zustand giftig. Die Giftigkeit verliert sich aber beim Trocknen. Das Heu kann deshalb vom Vieh gefressen werden. Abgeschnittene Stängel können beim Menschen Hautreizungen hervorrufen.
Der Knollige Hahnenfuß bildet unterirdische Knollen, aus denen im Frühjahr neue Triebe wachsen.

Blütenfarbe **Gelb** Steckbrief 34

Blüte

Blatt

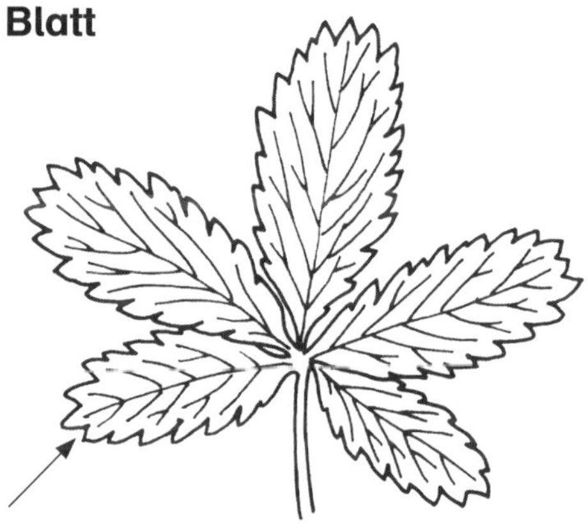

Name	**Kriechendes Fingerkraut**
Größe	30–60 cm
Blühzeit	Mai–August
Standort	trockene und feuchte Wiesen
Bestäubung der Blüten	durch Insekten
Ausbreitung der Samen	Die Samen fallen bei Erschütterung herunter. Am Boden liegende Samen werden durch Ameisen verschleppt.
Kennzeichen	– Blüten mit 5 gelben Kronblättern – Blätter bestehen aus 5 Teilblättchen mit gezacktem Rand (⟶)

Das Kriechende Fingerkraut wird auch Fünffingerkraut genannt. Den Namen Fingerkraut erhielt diese Pflanze aufgrund der Form ihrer Blätter: Jedes Blatt ist in fünf Teilblättchen gegliedert, die an die gespreizten Finger einer Hand erinnern. Das Kriechende Fingerkraut bildet bis zu 1 m lange oberirdische Ausläufer. Dadurch kann es sich schnell und flächig ausbreiten. Die Blätter des Fingerkrauts werden in der Volks- und in der Tiermedizin als krampflösendes Mittel verwendet.

Ähnliche Pflanze: Ähnlich ist das Frühlings-Fingerkraut; die Blätter sind bei dieser Art jedoch dichter behaart und runder als beim Kriechenden Fingerkraut.

Blüte

Blatt

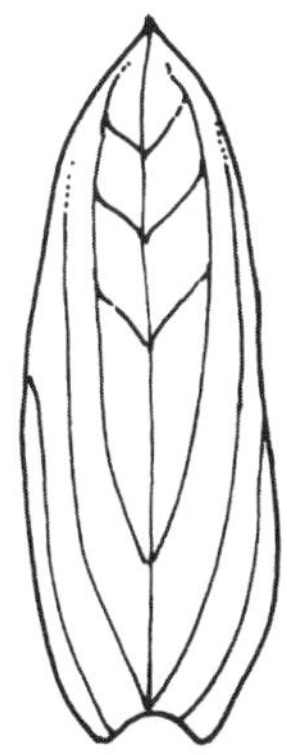

Name	**Johanniskraut**
Größe	30–60 cm
Blühzeit	Juni–Oktober
Standort	feuchte und trockene Wiesen
Bestäubung der Blüten	durch Insekten
Ausbreitung der Samen	Die Samen fallen bei Erschütterung herunter. Am Boden liegende Samen werden durch Ameisen verschleppt.
Kennzeichen	– Blüten mit 5 gelben Kronblättern – viele lange Staubblätter, die weit aus der Blüte herausragen (→) – am Stängel immer zwei Blätter einander gegenüber

Auf Wiesen wachsen mehrere ähnliche Arten, die hier nicht weiter unterschieden werden sollen. Vor allem das Echte Johanniskraut ist eine altbewährte und gegen nervliche Belastung häufig angewandte Heilpflanze. Auch viele Sagen und Legenden ranken sich um das Johanniskraut. So wird es mit Johannes dem Täufer in Verbindung gebracht, weil es um den Johannistag herum blüht (24. Juni). Zerquetscht man eine Blüte, tritt ein blutroter Farbstoff aus. Das führte zu dem Glauben, die Pflanze sei aus dem Blut von Johannes dem Täufer hervorgegangen.

Blütenfarbe **Gelb** Steckbrief 36

Blüte

Blatt

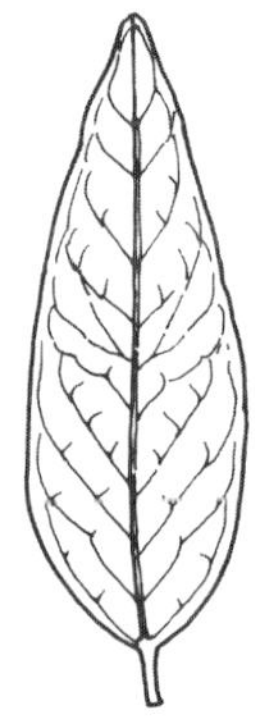

Name	**Gilbweiderich**
Größe	50–150 cm
Blühzeit	Juni–August
Standort	nur feuchte Wiesen
Bestäubung der Blüten	durch Bienen
Ausbreitung der Samen	Die Pflanze wird durch den Wind oder durch Tiere erschüttert und streut dabei ihre Samen aus.
Kennzeichen	– Blüten mit 5 gelben Kronblättern – in jeder Blüte 5 Staublätter – am Stängel meist drei Blätter auf einer Ebene (→)

Der Gilbweiderich belohnt die blütenbesuchenden Wildbienen nicht mit Nektar, sondern mit Blüten-Öl. Das Öl kann nur von zwei bestimmten Wildbienenarten gesammelt werden: Diese besitzen an ihren Hinterschenkeln einen Öl-Sammel-Apparat und werden deshalb „Schenkelbienen" genannt. Sie können nur dort leben, wo der Gilbweiderich wächst.

Blütenfarbe **Gelb** Steckbrief 37

Blüte

Blatt

Wiesen-Schlüsselblume

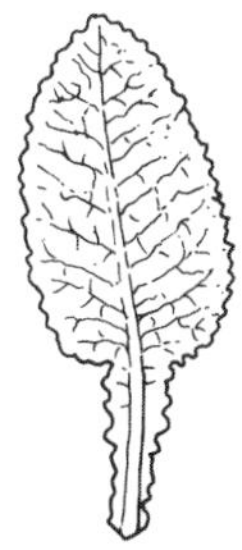

Große Schlüsselblume

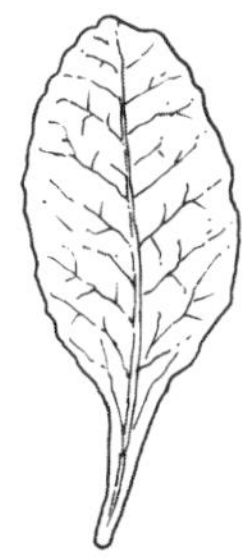

Name	**Schlüsselblume**
Größe	15–30 cm
Blühzeit	März–Mai
Standort	trockene Wiesen
Bestäubung der Blüten	durch Hummeln und Falter
Ausbreitung der Samen	Die Pflanze wird durch den Wind erschüttert und streut dabei ihre Samen aus.
Kennzeichen	– Blüten mit 5 gelben Kronblättern – Kronblätter zu einer engen Röhre verwachsen (⟶)

Auf Wiesen kommen zwei Arten von Schlüsselblumen vor: die Große Schlüsselblume und die Wiesen-Schlüsselblume. Wir können sie leicht an ihren Blättern unterscheiden (siehe Abbildung).
Achtung: Beide Schlüsselblumen-Arten sind geschützt!

Blütenfarbe **Gelb** Steckbrief 38

Blüte

Blatt

Name	**Trollblume**
Größe	30–50 cm
Blühzeit	Mai–Juni
Standort	feuchte und trockene Wiesen
Bestäubung der Blüten	durch Insekten
Ausbreitung der Samen	Die Pflanze wird durch den Wind erschüttert und streut dabei ihre Samen aus.
Kennzeichen	– Blüten mit vielen gelben Blütenblättern – Blüten kugelig

Die 10 bis 15 Blütenblätter neigen sich zusammen und lassen nur eine kleine Öffnung frei. Durch diese Öffnung zwängen sich Insekten, um an den Nektar zu gelangen. Dabei berühren sie die Staubblätter und werden mit Pollen bepudert.
Achtung: Die Trollblume ist geschützt!

Blütenfarbe **Gelb** Steckbrief 39

Blüte

Blatt

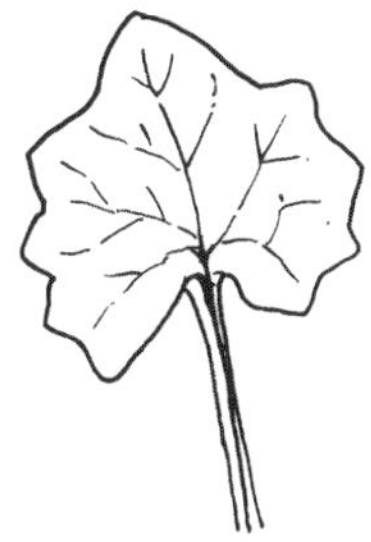

Name	**Scharbockskraut**
Größe	5–30 cm
Blühzeit	März–Mai
Standort	feuchte und trockene Wiesen
Bestäubung der Blüten	durch Fliegen, Bienen und Käfer
Ausbreitung der Samen	Reife Samen rieseln aus der Blüte heraus, am Boden liegende Samen werden durch Ameisen verschleppt.
Kennzeichen	– Blüten mit vielen gelben Blütenblättern – Blätter herzförmig, Rand gewellt

Das Scharbockskraut ist ein typischer Frühblüher und wurde früher wegen seines Vitamin-C-Gehaltes gerne als erstes Frühjahrs-Grün gegessen. Um einem Vitamin-C-Mangel und der dadurch ausgelösten Krankheit Skorbut (ehemals „Scharbock" genannt) vorzubeugen, wurde auf lange Schiffsreisen ein Vorrat an Scharbockskraut mitgenommen. Daraus leitet sich auch der Name ab.
Das Scharbockskraut bildet nur wenige Samen. Die Ausbreitung erfolgt überwiegend durch Brutknöllchen. Diese entstehen in den Achseln von Blättern und sind mit Reservestoffen angefüllt. Sie fallen im Frühsommer ab und bleiben am Boden liegen. Im nächsten Frühjahr können aus ihnen neue Pflanzen austreiben.

Blütenfarbe **Gelb** Steckbrief 40

Blüte

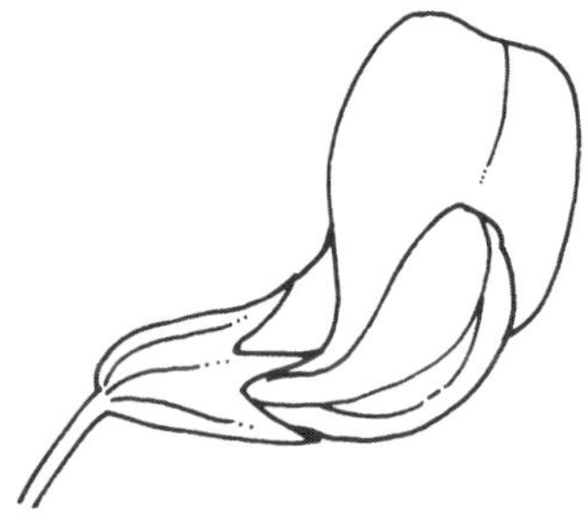

Blatt

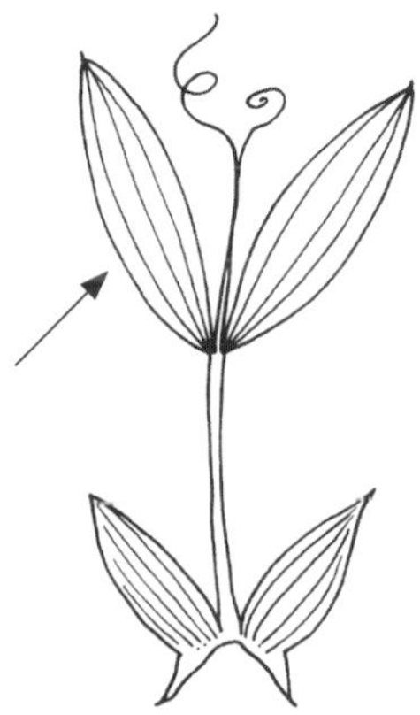

Name	**Wiesen-Platterbse**
Größe	30–100 cm
Blühzeit	Juni–August
Standort	feuchte und trockene Wiesen
Bestäubung der Blüten	durch Schmetterlinge und Hummeln
Ausbreitung der Samen	Die reifen Früchte springen auf und schleudern die Samen aus. Die kugeligen Samen rollen am Boden.
Kennzeichen	– Blütenform: Schmetterlingsblüte – Blätter mit Ranken – Blätter bestehen aus einem Teilblättchen-Paar (—►)

Nur große, kräftige Bienen und Hummeln sind in der Lage, die Blütenblätter der Wiesen-Platterbse aufzustemmen und an den Nektar zu gelangen. Leichter haben es die Schmetterlinge: Sie können ihren langen Rüssel durch die Blüte direkt bis zum Nektar vorschieben.
Die Wiesen-Platterbse enthält Bitterstoffe und wird deshalb von Rindern nicht gerne gefressen.

Blütenfarbe **Gelb** Steckbrief 41

Blüte

Blatt

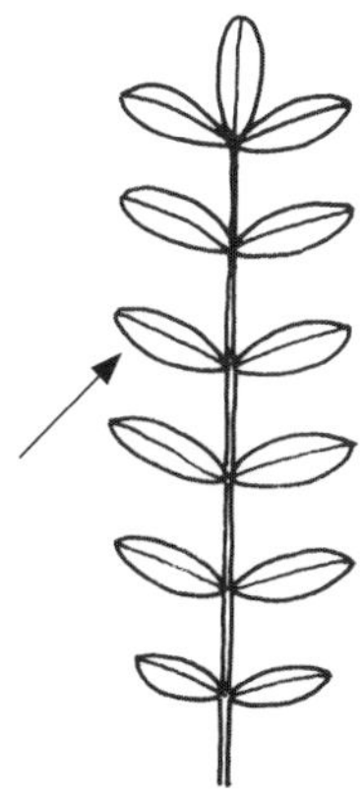

Name	**Hufeisenklee**
Größe	8–30 cm
Blühzeit	Mai–Juni
Standort	nur trockene Wiesen
Bestäubung der Blüten	durch Insekten
Ausbreitung der Samen	Die reifen Früchte springen auf und die Samen werden ausgestreut.
Kennzeichen	– Blütenform: Schmetterlingsblüte – mehrere Blüten zusammen am Ende des Stängels – Blätter ohne Ranken – Blätter bestehen meist aus mehr als 5 Teilblättchen-Paaren (→)

Wenn die Früchte des Hufeisenklees reif werden, zerfallen sie in viele kleine Stücke. Diese sind hufeisenförmig gebogen. Daher hat der Hufeisenklee seinen Namen.

Blütenfarbe **Gelb** Steckbrief 42

Blüte

Blatt

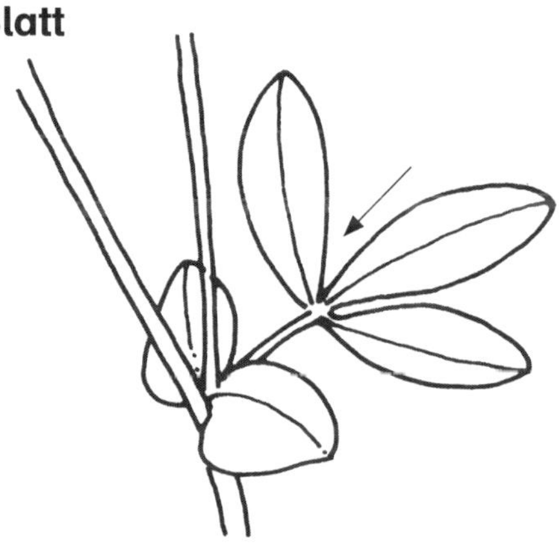

Name	**Hornklee**
Größe	5–30 cm
Blühzeit	Mai–September
Standort	trockene und feuchte Wiesen
Bestäubung der Blüten	durch Bienen
Ausbreitung der Samen	Die reifen Früchte springen auf und die Samen werden ausgestreut.
Kennzeichen	– Blütenform: Schmetterlingsblüte – mehrere Blüten zusammen am Ende des Stängels – Blätter dreigeteilt (—►) – geschlossene Blüten außen rötlich

Auf Wiesen kommen zwei Hornklee-Arten vor, die sehr schwierig zu unterscheiden sind. Einen Hinweis kann der Standort liefern. Der Gemeine Hornklee besiedelt eher trockene, der Sumpf-Hornklee eher feuchte Wiesen. Beide können aber auch gemeinsam vorkommen.

Blütenfarbe **Gelb** Steckbrief 43

Blütenstand

Blatt

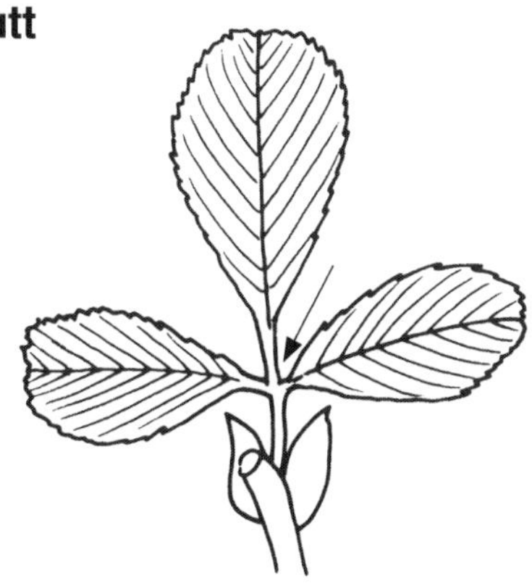

Name	**Kleiner Klee**
Größe	5–15 cm
Blühzeit	Mai–September
Standort	feuchte und trockene Wiesen
Bestäubung der Blüten	hauptsächlich durch Bienen, Fliegen und Schmetterlinge
Ausbreitung der Samen	Die Pflanze wird durch den Wind erschüttert und streut dabei ihre Samen aus.
Kennzeichen	– Viele kleine Blüten bilden einen Blütenstand. Sie sitzen so dicht, dass alle zusammen aussehen wie eine große Blüte. – Die Blätter sind dreigeteilt. Alle drei Teilblättchen sitzen auf gleich langen Stielen (—►).

Den Kleinen Klee nennt man auch Faden-Klee. Er ist eine wertvolle Futterpflanze und auf Wiesen häufig zu finden. Weil er jedoch so klein ist, wird er leicht übersehen. Die Samen sind mit kleinen Luftsäckchen ausgestattet und können – wie ein Luftballon – weit fortgetragen werden.

Blütenfarbe **Gelb** Steckbrief 44

Blütenstand

Blatt

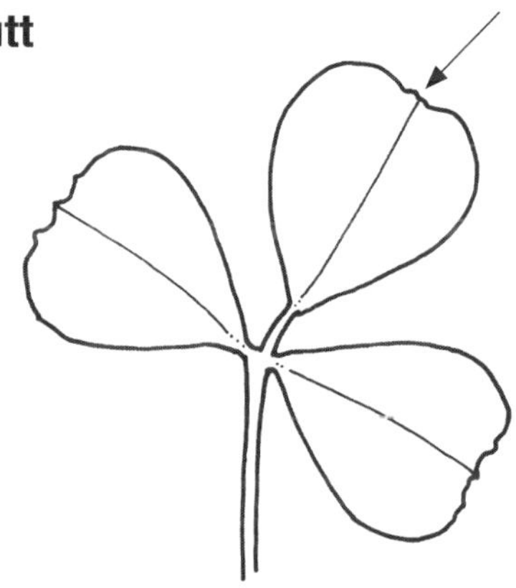

Name	**Hopfenklee**
Größe	10–40 cm
Blühzeit	Mai–Oktober
Standort	feuchte und trockene Wiesen
Bestäubung der Blüten	hauptsächlich durch Bienen
Ausbreitung der Samen	Die Samen fallen auf den Boden und werden durch Tiere verschleppt. Sie sind schwimmfähig.
Kennzeichen	– Viele kleine Blüten bilden einen Blütenstand. Sie sitzen so dicht, dass alle zusammen aussehen wie eine große Blüte. – Die Blätter sind dreigeteilt, die Teilblättchen mit feiner Spitze (⟶). – Das mittlere Teilblättchen sitzt an einem deutlich längeren Stiel als die anderen Teilblättchen.

Dieser Klee hat mehrere Namen. Da sein Blütenstand dem des Hopfens ähnelt, heißt er Hopfenklee. Häufig wird er aufgrund der schneckenhausartigen Früchte Schnecken-Klee genannt; wegen seiner gelben Blüten trägt er schließlich auch den Namen Gelbklee.

Blütenfarbe **Gelb** Steckbrief 45

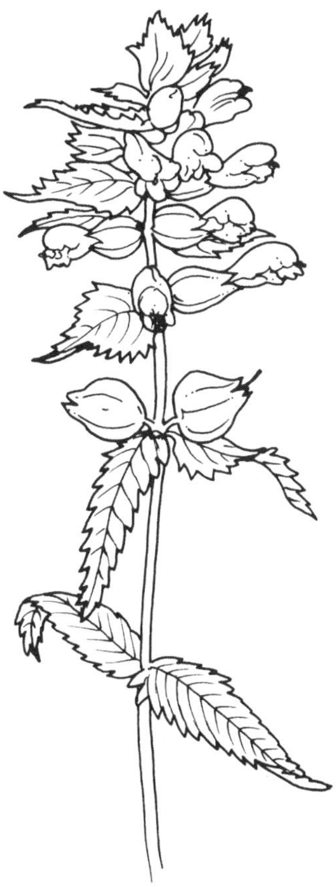

Blüte

Blatt

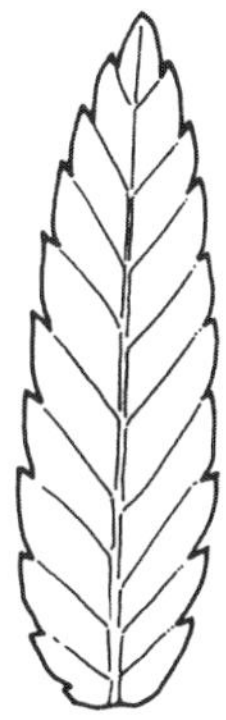

Name	**Klappertopf**
Größe	30–60 cm
Blühzeit	Mai–Juli
Standort	mäßig feuchte und trockene Wiesen
Bestäubung der Blüten	durch Hummeln
Ausbreitung der Samen	Die Samen fallen bei Erschütterungen herunter. Am Boden liegende Samen werden durch Ameisen verschleppt.
Kennzeichen	– gelbe Kronblätter zu einer Röhre verwachsen – Blütenkelch „aufgebläht" (—►)

Auf Wiesen kommen zwei Klappertopf-Arten vor, die nur schwierig zu unterscheiden sind. Beide Arten besitzen an ihren Wurzeln kleine Saugfortsätze, mit denen sie in die Wurzeln einer anderen Pflanze eindringen, um Wasser und Nährsalze abzusaugen. Solche Pflanzen nennt man Schmarotzer.
Ihren Namen verdanken die Klappertopf-Arten der Eigenschaft, dass in dem aufgeblasenen Fruchtkelch die Samen hörbar klappern, wenn die Pflanze vom Wind bewegt wird. Daher kommt auch der Spruch: *Was hat der Klappertopf in seinem hohlen Kopf? Nur wieder Klappertöpfe, ihr Plapperköpfe!*

Blütenfarbe **Gelb** Steckbrief 46

Blütenstand

Blatt

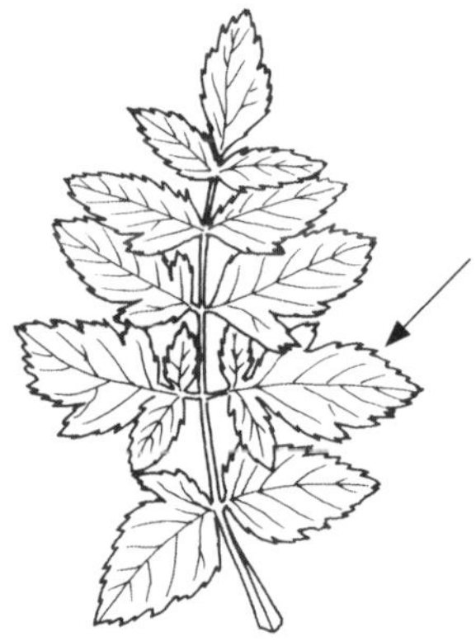

Name	**Pastinak**
Größe	30–150 cm
Blühzeit	Juli–August
Standort	eher trockene Wiesen
Bestäubung der Blüten	durch Insekten
Ausbreitung der Samen	Wird die Pflanze vom Wind oder durch Tiere erschüttert, segeln die Samen langsam zu Boden und können weit fortgetragen werden.
Kennzeichen	– Viele kleine Blüten stehen in einem großen Blütenstand zusammen. – Die Blätter sind in breite Teilblätter gegliedert (→).

Der Pastinak ist eine alte Nutzpflanze. Noch vor 200 Jahren war er aufgrund seines hohen Stärkegehaltes ein wichtiges Grundnahrungsmittel. Inzwischen wurde er aber vor allem von der Kartoffel verdrängt. Bestimmte Inhaltsstoffe der Blätter können bei Berührung Hautreizungen und Ausschläge hervorrufen.

Blütenfarbe **Gelb** — Steckbrief 47

Blütenstand

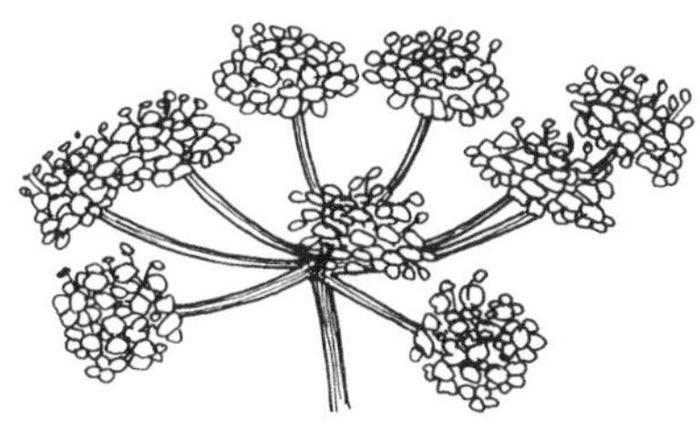

Blatt

Name	**Wiesensilge**
Größe	30–100 cm
Blühzeit	Juni–September
Standort	eher trockene Wiesen
Bestäubung der Blüten	durch Insekten, hauptsächlich durch Bienen und Hummeln
Ausbreitung der Samen	Die Pflanze wird durch den Wind erschüttert und streut dabei ihre Samen aus.
Kennzeichen	– Viele kleine Blüten stehen in einem großen Blütenstand zusammen. – Die Blätter sind in schmale Teilblätter gegliedert (—►).

Der Name Wiesensilge leitet sich vermutlich vom griechischen Wort *seliniom* = Sellerie ab. Das Gleiche gilt für die Petersilie. Dies verrät die Verwandtschaft der Silge zu Petersilie und Sellerie.

Blütenfarbe **Gelb** Steckbrief 48

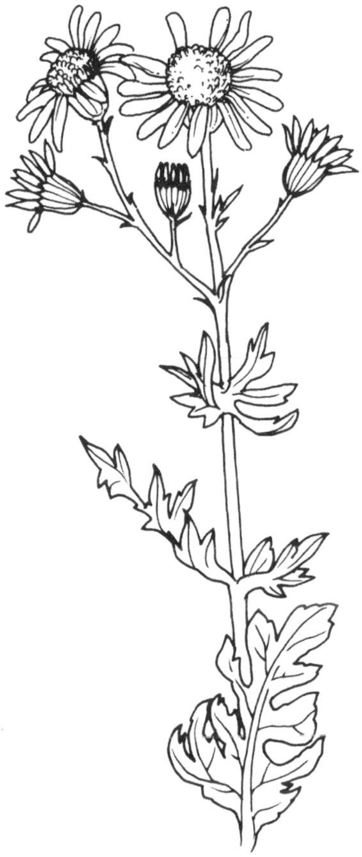

Blütenstand

Blatt

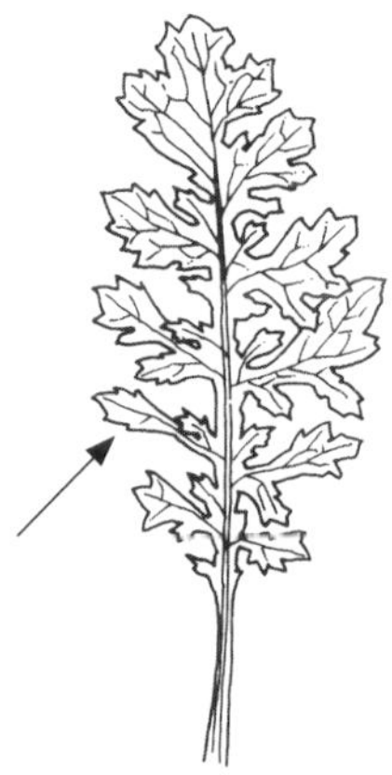

Name	**Greiskraut**
Größe	30–100 cm
Blühzeit	Juli–Oktober
Standort	feuchte und trockene Wiesen
Bestäubung der Blüten	durch Insekten
Ausbreitung der Samen	Durch den Wind: Die Samen hängen an kleinen Flugschirmchen.
Kennzeichen	– Viele Blüten bilden einen Blütenstand. Sie sitzen so dicht, dass alle zusammen aussehen wie eine große Blüte. – Die Blätter sind stark gelappt (⟶).

Auf Wiesen kommen mehrere nur schwer zu unterscheidende Greiskraut-Arten vor. Sie sind alle giftig und werden vom Weidevieh gemieden.
Die weißen Flugschirmchen an den reifen Samen des Greiskrautes lassen die Pflanze weißhaarig aussehen. Durch die Ähnlichkeit mit dem Kopf eines weißhaarigen Greises ist der Name Greiskraut entstanden.

Blütenfarbe **Gelb** Steckbrief 49

Blütenstand

Blatt

Name	**Weidenblättriger Alant**
Größe	30–60 cm
Blühzeit	Juli–August
Standort	feuchte Wiesen
Bestäubung der Blüten	durch Insekten, vor allem durch Bienen und Wespen
Ausbreitung der Samen	Durch den Wind: Die Samen sind Schirmchenflieger.
Kennzeichen	– Viele Blüten bilden einen Blütenstand. Sie sitzen so dicht, dass alle zusammen aussehen wie eine große Blüte. – Die Stängelblätter sind lang und schmal.

Die Samen hängen an einem haarigen Flugschirmchen und segeln langsam zu Boden. Kommt ein Windstoß, können sie relativ weit fortgetragen werden. Am Boden liegende Samen werden von Ameisen verschleppt.

Blütenfarbe **Gelb** Steckbrief 50

Blütenstand

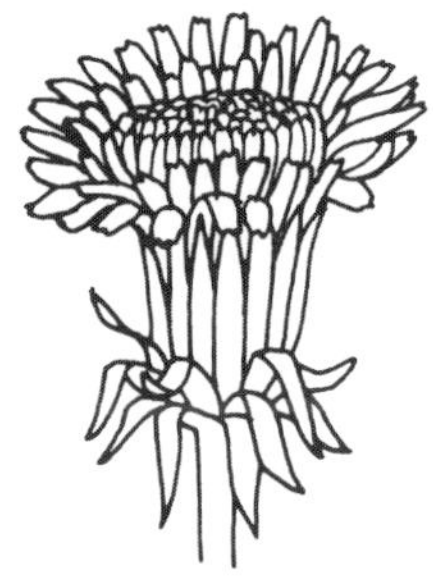

Blatt

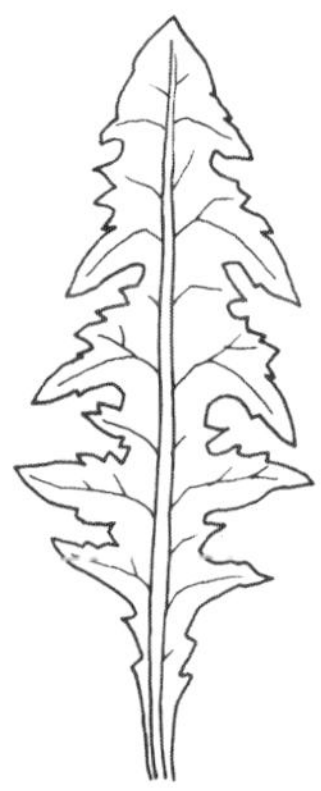

Name	**Wiesen-Löwenzahn**
Größe	10–60 cm
Blühzeit	April–Juni
Standort	eher trockene Wiesen
Bestäubung der Blüten	durch Insekten, hauptsächlich durch Bienen
Ausbreitung der Samen	Durch den Wind: Die Samen sind Schirmchenflieger. Am Boden liegende Samen werden von Ameisen verschleppt.
Kennzeichen	– Viele Blüten bilden einen Blütenstand. Sie sitzen so dicht, dass alle zusammen aussehen wie eine große Blüte. – Die Stängel haben keine Blätter und sind nicht verzweigt. – Die Stängel sind hohl und haben einen weißen Milchsaft.

Den Wiesen-Löwenzahn finden wir in großer Anzahl auf viel gemähten Wiesen und Rasen. Seine Blätter bilden am Boden eine flache Rosette; dadurch werden sie beim Mähen nur wenig beschädigt. Dank seiner Speicherwurzel kann der Löwenzahn zudem schnell wieder nachwachsen. Der Löwenzahn blüht im Frühjahr als eine der ersten Pflanzen auf der Wiese und färbt die Wiesen gelb. Damit ist er für Bienen eine wichtige Nahrungsquelle. Frische Löwenzahnblätter können als Salat gegessen werden.

Blütenfarbe **Gelb** Steckbrief 51

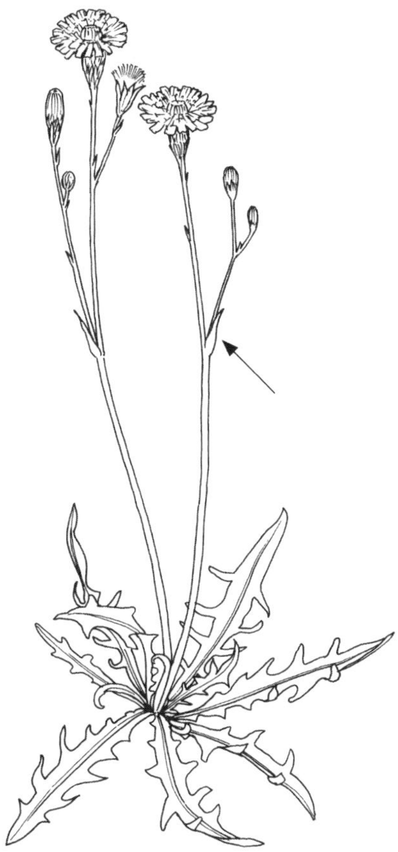

Blütenstand

Blatt

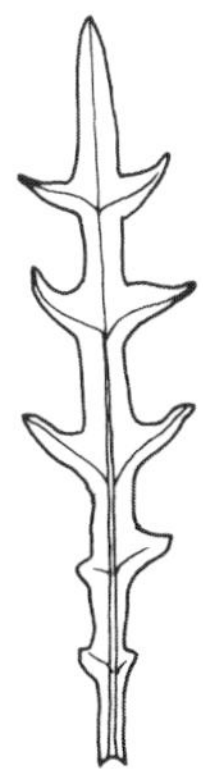

Name	**Herbst-Löwenzahn**
Größe	10–40 cm
Blühzeit	Juli–September
Standort	eher trockene Wiesen
Bestäubung der Blüten	durch Insekten
Ausbreitung der Samen	Durch den Wind: Die Samen sind Schirmchenflieger. Am Boden liegende Samen werden von Ameisen verschleppt
Kennzeichen	– Viele Blüten bilden einen Blütenstand. Sie sitzen so dicht, dass alle zusammen aussehen wie eine große Blüte. – Die Stängel sind verzweigt. – An den Verzweigungsstellen sitzen kleine Blättchen (—►).

Den Herbst-Löwenzahn finden wir in großer Anzahl auf viel gemähten Wiesen und Rasen. Seine Blätter bilden am Boden eine flache Rosette; dadurch werden sie beim Mähen nur wenig beschädigt. Dank seiner Speicherwurzel kann der Löwenzahn nach dem Mähen zudem schnell wieder nachwachsen. Der Herbst-Löwenzahn blüht, wie der Name schon sagt, im Vergleich zum Wiesen-Löwenzahn erst spät im Sommer und im Herbst.

Blütenfarbe **Gelb** Steckbrief 52

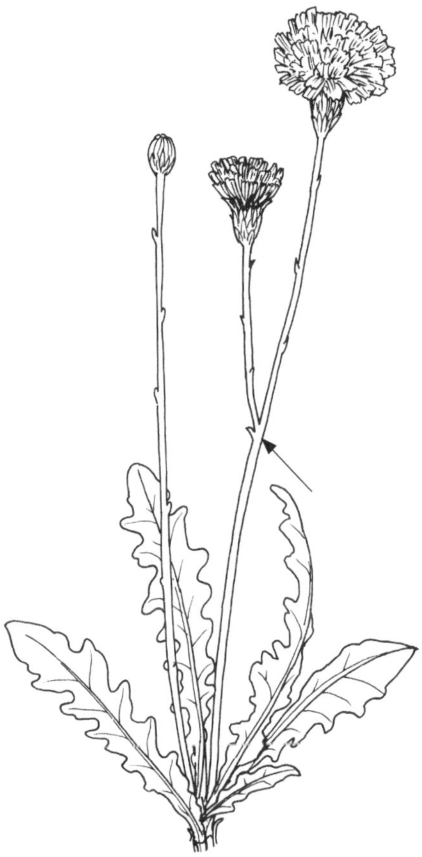

Blütenstand

Blatt

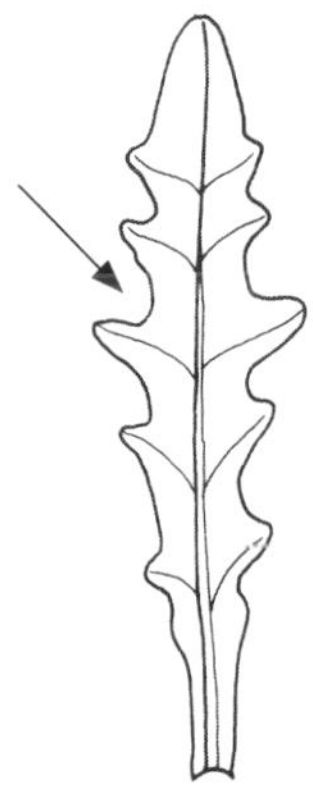

Name	Gewöhnliches Ferkelkraut
Größe	20–60 cm
Blühzeit	Mai–August
Standort	eher trockene Wiesen
Bestäubung der Blüten	durch Insekten
Ausbreitung der Samen	Durch den Wind: Die Samen sind Schirmchenflieger.
Kennzeichen	– Viele Blüten bilden einen Blütenstand. Sie sitzen so dicht, dass alle zusammen aussehen wie eine große Blüte. – Die Stängel sind verzweigt und haben an den Verzweigungen keine Blätter (→). – Die unteren Blätter sind nur leicht eingebuchtet (→).

Das Gewöhnliche Ferkelkraut blüht zeitig im Frühjahr. Damit ist es für Bienen eine wichtige Nahrungsquelle. Sein Blütenstand ist an sonnigen Tagen nur vormittags geöffnet.
Das Ferkelkraut wird vom Weidevieh nicht gern gefressen. Lediglich Schweine scheinen es zu mögen – daher rührt auch sein Name.

Blütenfarbe **Gelb** Steckbrief 53

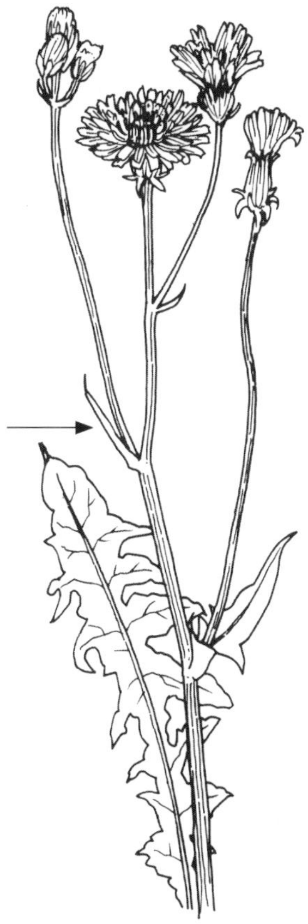

Blütenstand

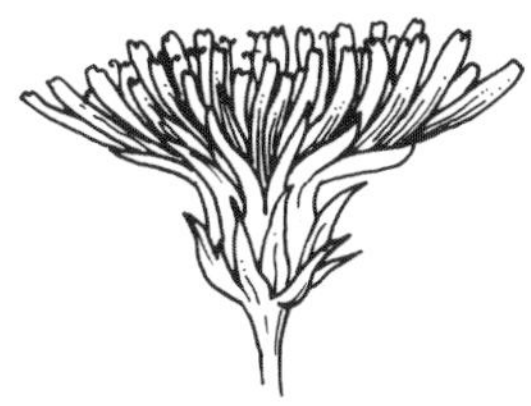

Blatt

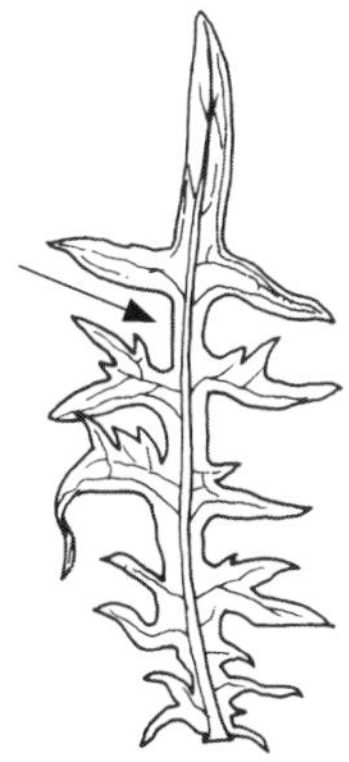

Name	**Wiesen-Pippau**
Größe	60–120 cm
Blühzeit	Mai–September
Standort	eher trockene Wiesen
Bestäubung der Blüten	durch Bienen und durch Selbstbestäubung
Ausbreitung der Samen	Durch den Wind: Die Samen sind Schirmchenflieger. Am Boden liegende Samen werden von Ameisen verschleppt.
Kennzeichen	– Viele Blüten bilden einen Blütenstand. Sie sitzen so dicht, dass alle zusammen aussehen wie eine große Blüte. – Die Stängel sind verzweigt. – An den Verzweigungsstellen sitzen lange Blätter (⟶). – Die unteren Blätter sind tief eingebuchtet (⟶).

Der Wiesen-Pippau kann nur auf Wiesen vorkommen, die nicht öfter als zwei- bis dreimal im Jahr gemäht werden.

Blütenfarbe **Gelb** Steckbrief 54

Blütenstand

Blatt

Name	Wiesen-Bocksbart
Größe	30–60 cm
Blühzeit	Mai–Juli
Standort	eher trockene Wiesen
Bestäubung der Blüten	durch Bienen, Schwebfliegen und Schmetterlinge
Ausbreitung der Samen	Durch den Wind: Die Samen sind Schirmchenflieger. Am Boden liegende Samen werden von Ameisen verschleppt.
Kennzeichen	– Viele Blüten bilden einen Blütenstand. Sie sitzen so dicht, dass alle zusammen aussehen wie eine große Blüte. – Am Stängel sitzen lange, schmale Blätter.

Die Blütenstände des Wiesen-Bocksbartes sind bei sonnigem Wetter nur vormittags geöffnet. Der Stiel des Flugschirmchens bei den Samen dieser Pflanze ist außerordentlich lang. Der Schwerpunkt liegt dadurch besonders tief und das Schirmchen wird gut ausbalanciert. Dieses Bauprinzip diente als Vorbild beim Bau von Fallschirmen. Der Wiesen-Bocksbart ist essbar. Das Stängelmark schmeckt süßlich und nach Milch. Junge Pflanzen können als Gemüse gegessen werden, das an Spargel erinnert. Die Wurzel kann ähnlich wie die Schwarzwurzel zubereitet werden.

Blütenfarbe **Gelb** Steckbrief 55

Blütenstand

Blatt

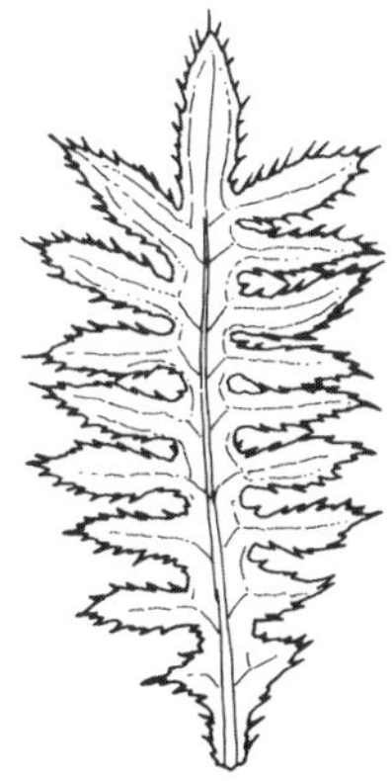

Name	**Kohldistel**
Größe	50–150 cm
Blühzeit	Juli–September
Standort	eher feuchte Wiesen
Bestäubung der Blüten	durch Insekten, hauptsächlich durch Bienen und Schmetterlinge
Ausbreitung der Samen	Durch den Wind: Die Samen hängen an Flugschirmchen und können weit fliegen.
Kennzeichen	– Viele Blüten bilden einen Blütenstand. Sie sitzen so dicht, dass alle zusammen aussehen wie eine große Blüte. – Die Pflanze hat keine Dornen und weiche Blätter.

Die Kohl-Kratzdistel wird wegen ihres Nektars und Pollens von vielen Insekten besucht. Früher wurde sie als Gemüsepflanze vielfältig genutzt und deswegen auch angebaut. Die Blütenstände werden in manchen Regionen wie Artischocken gegessen. Deshalb wird die Pflanze auch „Wiesenkohl" genannt.

Blütenfarbe **Grün** Steckbrief 56

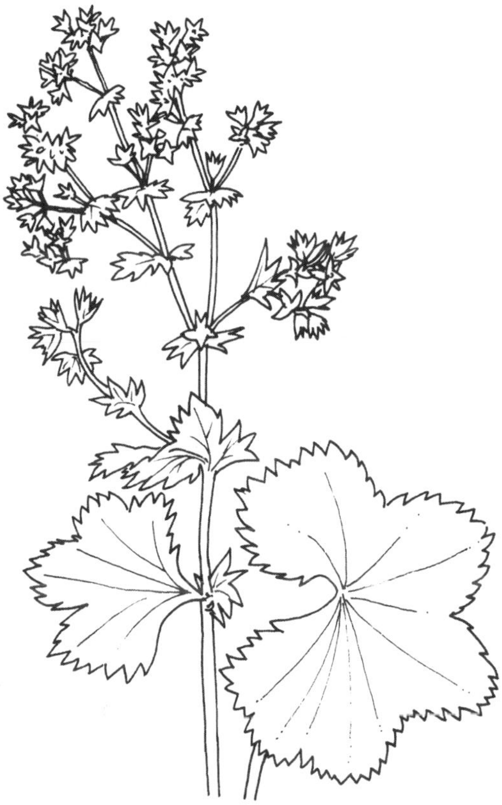

Blütenstand

Blatt

Name	**Gemeiner Frauenmantel**
Größe	15–50 cm
Blühzeit	Mai–Oktober
Standort	feuchte und trockene Wiesen
Bestäubung der Blüten	durch Insekten
Ausbreitung der Samen	Die Früchte haften wie Kletten. Sie bleiben z. B. im Fell von Tieren hängen und werden so transportiert.
Kennzeichen	– Blüten klein, sitzen in lockeren Blütenständen zusammen – Blätter fast rund, oft mit einem Wassertropfen in der Mitte

Der Name Frauenmantel ist auf die Form der Blätter zurückzuführen. Diese erinnern an Umhängemäntel, wie die Frauen sie früher trugen. Die Blätter werden als Heilmittel bei Magen- und Darmverstimmungen verwendet. Die jungen Blätter können auch als Gemüse oder Salat gegessen werden.

Blütenfarbe **Grün** Steckbrief 57

Blütenstand

Blatt

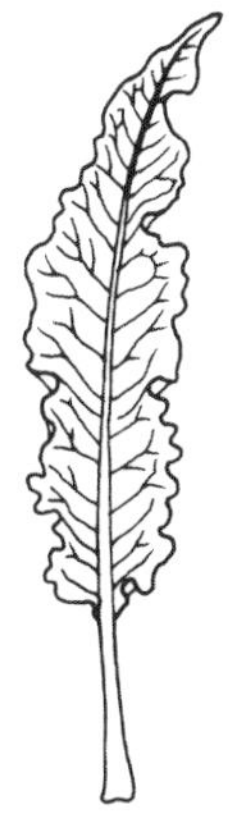

Name	**Krauser Ampfer**
Größe	30 – 100 cm
Blühzeit	Juli – August
Standort	eher feuchte Wiesen
Bestäubung der Blüten	durch den Wind
Ausbreitung der Samen	Durch den Wind: Die Samen segeln zu Boden und werden dann von Tieren verschleppt.
Kennzeichen	– Blüten klein, sitzen in lockeren Blütenständen zusammen – Blätter am Rand gewellt

Der Krause Ampfer kann als Wildgemüse gekocht oder roh gegessen werden. Er enthält viel Vitamin C, daneben allerdings auch Oxalsäure, welche in größeren Mengen für den Menschen gesundheitsschädlich ist. Deshalb sollte der Krause Ampfer nur in kleinen Mengen verzehrt werden. Der Name ist auf die krausig-gewellte Form der Blätter zurückzuführen.

Blütenstand

Blatt

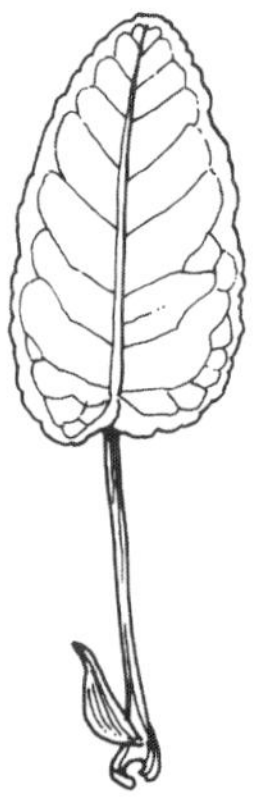

Name	Stumpfblättriger Ampfer
Größe	50–120 cm
Blühzeit	Juni–August
Standort	trockene Wiesen
Bestäubung der Blüten	durch den Wind
Ausbreitung der Samen	Durch den Wind: Die Samen segeln zu Boden und werden dort von Tieren verschleppt.
Kennzeichen	– Blüten klein, sitzen in lockeren Blütenständen zusammen – Blätter oval

Der Stumpfblättrige Ampfer kann als Wildgemüse gekocht und roh gegessen werden. Er enthält viel Vitamin C, daneben allerdings auch Oxalsäure, welche in größeren Mengen für den Menschen gesundheitsschädlich ist. Deshalb sollte der Stumpfblättrige Ampfer nur in kleinen Mengen verzehrt werden. Da er vom Weidevieh gemieden wird, kann er sich auf Weiden als „Weideunkraut“ stark ausbreiten. Der Stumpfblättrige Ampfer hat eine große Samenproduktion. Pro Pflanze werden etwa 7000 Samen gebildet, die bis zu 40 Jahre im Boden überleben können!

Blütenfarbe **Weiß (oder Rosa)** Steckbrief 59

Blüte

Blatt

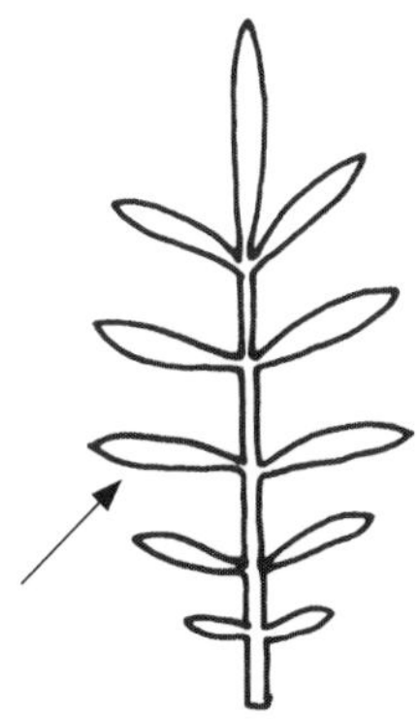

Name	**Wiesen-Schaumkraut**
Größe	15–30 cm
Blühzeit	April–Juni
Standort	feuchte und trockene Wiesen
Bestäubung der Blüten	durch Bienen und Falter
Ausbreitung der Samen	Die reifen Früchte springen auf und die Samen werden dabei weggeschleudert.
Kennzeichen	– Blüten mit 4 weißen oder rosa Kronblättern – Blätter unterteilt, Teilblätter lang und schmal (—►).

Die reifen Früchte des Wiesen-Schaumkrauts öffnen sich explosionsartig. Dabei können die Samen mehr als 2 m weit weggeschleudert werden!
Das Wiesen-Schaumkraut enthält Vitamin C, Bitterstoffe und andere Stoffe, die senfartig schmecken. Junge Pflanzen werden deshalb gerne als Zutat für Wildkräutersalate verwendet.

Blütenfarbe **Weiß** Steckbrief 60

Blüte

Blatt

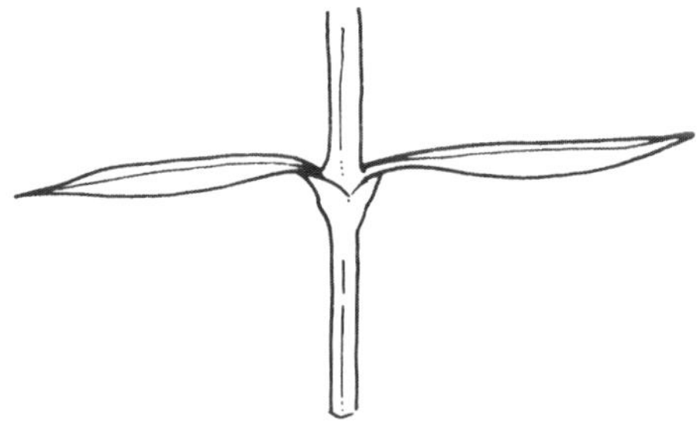

Name	**Gras-Sternmiere**
Größe	20–50 cm
Blühzeit	Juni–August
Standort	eher trockene Wiesen
Bestäubung der Blüten	durch Insekten, auch Selbstbestäubung möglich
Ausbreitung der Samen	Die Pflanze wird durch den Wind oder durch Tiere erschüttert und streut dabei ihre Samen aus.
Kennzeichen	– Blüten mit 5 weißen Kronblättern – Die Blütenblätter sind tief gespalten, sodass man meinen könnte, eine Blüte hätte 10 Blütenblätter (⟶).

Die Gras-Sternmiere hat einen schwachen Stängel und kann deswegen nicht gut in die Höhe wachsen. Mit ihren gespreizten Blättern kann sie sich aber zwischen Grashalmen festklemmen und an ihnen hochklettern: Sie ist ein „Spreizklimmer". Den Namen Sternmiere verdankt die Pflanze ihrer sternartigen Blüte.

Blütenfarbe **Weiß** Steckbrief 61

Blüte

Blatt

Name	**Gewöhnliches Hornkraut**
Größe	10–40 cm
Blühzeit	April–Oktober
Standort	feuchte und trockene Wiesen
Bestäubung der Blüten	hauptsächlich durch Fliegen und andere kleine Insekten
Ausbreitung der Samen	Die Pflanze wird durch den Wind oder durch Tiere erschüttert und streut dabei ihre Samen aus.
Kennzeichen	– Blüten mit 5 weißen Kronblättern – Kronblätter nur wenig eingeschnitten (⟶) – behaarte Blätter

Die Hornkraut-Arten verdanken ihren Namen den hornartig aussehenden Fruchtkapseln. Diese Kapseln öffnen sich bei Trockenheit. Wenn sie durch den Wind oder durch Tiere erschüttert werden, rieseln die Samen heraus.

Blütenfarbe **Weiß** Steckbrief 62

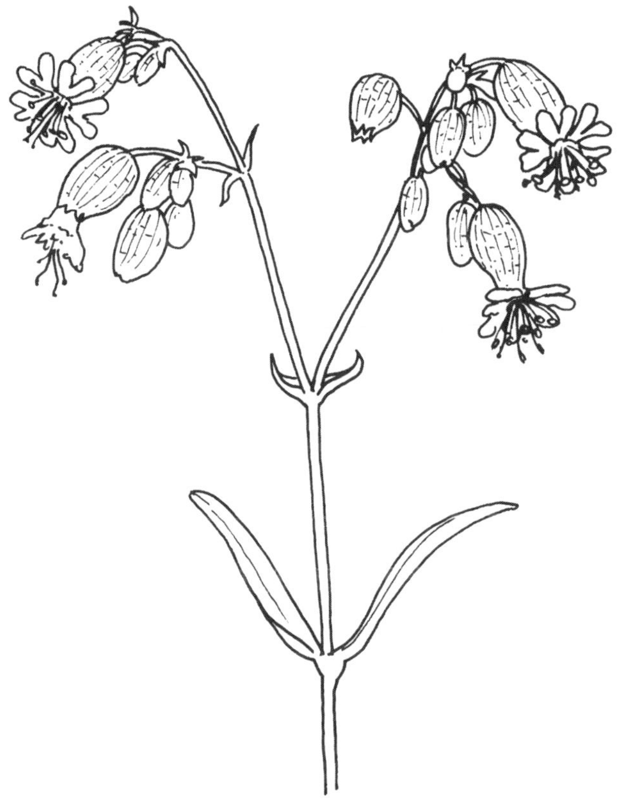

Blüte

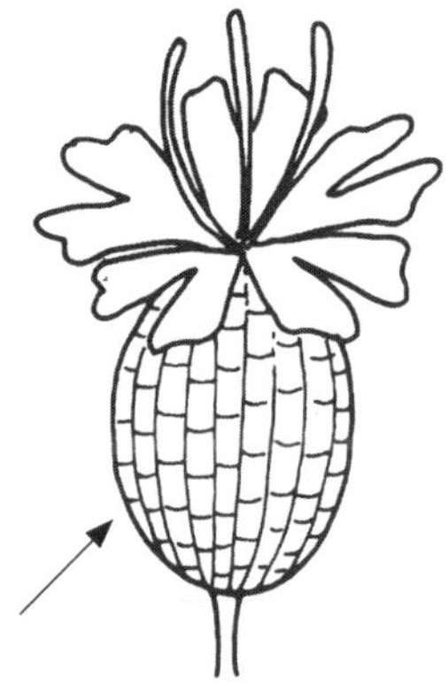

Blatt

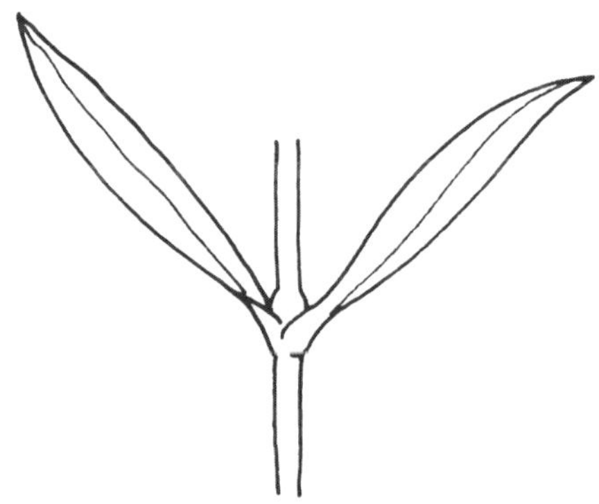

Name	**Aufgeblasenes Leimkraut**
Größe	20–50 cm
Blühzeit	Juni–August
Standort	trockene Wiesen
Bestäubung der Blüten	durch Nachtfalter und Bienen
Ausbreitung der Samen	Die Pflanze wird durch den Wind oder durch Tiere erschüttert und streut dabei ihre Samen aus.
Kennzeichen	– Blüten mit 5 weißen Kronblättern – Blütenkelch aufgebläht (→)

Bevor die Pflanze zu blühen anfängt, können die jungen Blätter und Sprosse als Zutat für Wildkräutersalate verwendet oder wie Spinat gekocht werden.
Die Pflanze trägt auch den lateinischen (wissenschaftlichen) Namen *Silene*. Diesen Namen verdankt sie einer Figur aus der griechischen Mythologie. Der Weingott Bachus hatte einen dickbäuchigen Begleiter namens Silen. Aufgrund ihrer „dickbäuchigen" Blüte wurde die Pflanze nach ihm benannt. Wegen des aufgeblasenen Blütenkelches nennt man die Pflanze auch „Taubenkropf-Leimkraut".

Blütenfarbe **Weiß (oder Rosa)** Steckbrief 63

Blätter im Frühling	**Blüte** im Herbst

Name	**Herbst-Zeitlose**
Größe	5–20 cm
Blühzeit	August–Oktober
Standort	feuchte Wiesen
Bestäubung der Blüten	durch Bienen, Schmetterlinge und Fliegen mit langen Rüsseln
Ausbreitung der Samen	Die Samen fallen bei Erschütterung herunter. Am Boden liegende Samen werden durch Ameisen und Weidetiere verschleppt.
Kennzeichen	– Blüten mit 6 rosa oder weißen Blütenblättern – im Frühjahr nur Blätter und keine Blüten, im Herbst nur Blüten und keine Blätter

Die Herbst-Zeitlose ist im Vergleich zu den meisten Wiesenblumen sehr ungewöhnlich: Sie blüht erst im Spätsommer oder im Herbst, wenn die anderen schon verblüht sind. Die Früchte entwickeln sich im Laufe des Winters unter der Erde. Die Samen werden im Frühjahr zusammen mit den austreibenden Blättern freigesetzt. In einer Zwiebel werden Reservestoffe gespeichert und die Blätter verschwinden wieder. Erst im Herbst treiben aus der Zwiebel die Blüten aus.

Blütenfarbe **Weiß** Steckbrief 64

Blütenstand

Blatt

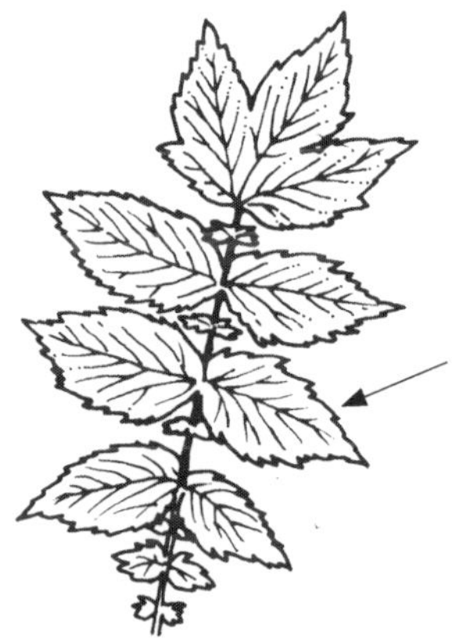

Name	**Großes Mädesüß**
Größe	100–200 cm
Blühzeit	Juni–August
Standort	feuchte Wiesen
Bestäubung der Blüten	durch Insekten
Ausbreitung der Samen	Die Pflanze wird durch den Wind oder durch Tiere erschüttert und streut dabei ihre Samen aus. Diese können auch schwimmen.
Kennzeichen	– Blüten klein, sitzen in lockeren Blütenständen zusammen – Blätter setzen sich aus mehreren Teilblättchen zusammen (—►).

Das Mädesüß riecht während der Blüte süßlich. Man nutzt es zum Verfeinern von Getränken, insbesondere von Honigwein (= Met). Daher kommt auch der deutsche Name, der sich aus „Met-Süße“ ableitet. Als Heilpflanze wurde das Mädesüß bei Rheuma und gegen Schmerzen verwendet. Da die Pflanze früher wissenschaftlich *Spirea* genannt wurde, erhielt der aus ihr hergestellte Wirkstoff den Namen „Spirea-Säure“. 1897 gelang es, diesen Wirkstoff künstlich herzustellen. Er kam unter dem Namen „Aspirin“ (abgeleitet von **A**cetyl-**Spir**easäure) auf den Markt.

Blütenfarbe **Weiß** Steckbrief 65

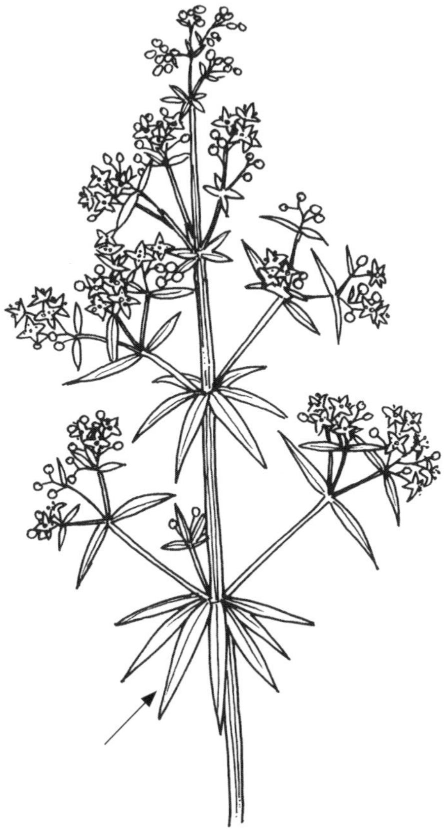

Blütenstand

Blatt

Name	**Wiesen-Labkraut**
Größe	30–100 cm
Blühzeit	Mai–August
Standort	feuchte und trockene Wiesen
Bestäubung der Blüten	durch Insekten, hauptsächlich durch Fliegen und Falter
Ausbreitung der Samen	Das Labkraut wird von Tieren gefressen. Die Samen sind unverdaulich, werden ausgeschieden und so ausgebreitet.
Kennzeichen	– Blüten klein, stehen in lockeren Blütenständen zusammen – Blätter in Kränzen am Stängel angeordnet (—►)

Lab ist ein Stoff, der bei der Käseherstellung der Milch zugesetzt wird. Er wird aus dem Labmagen von Wiederkäuern (z. B. Rindern) gewonnen oder synthetisch hergestellt. Der Name Labkraut rührt daher, dass die Pflanze einen ähnlichen Stoff enthält und früher ebenfalls zur Käsebereitung genutzt wurde.

Blütenfarbe **Weiß** Steckbrief 66

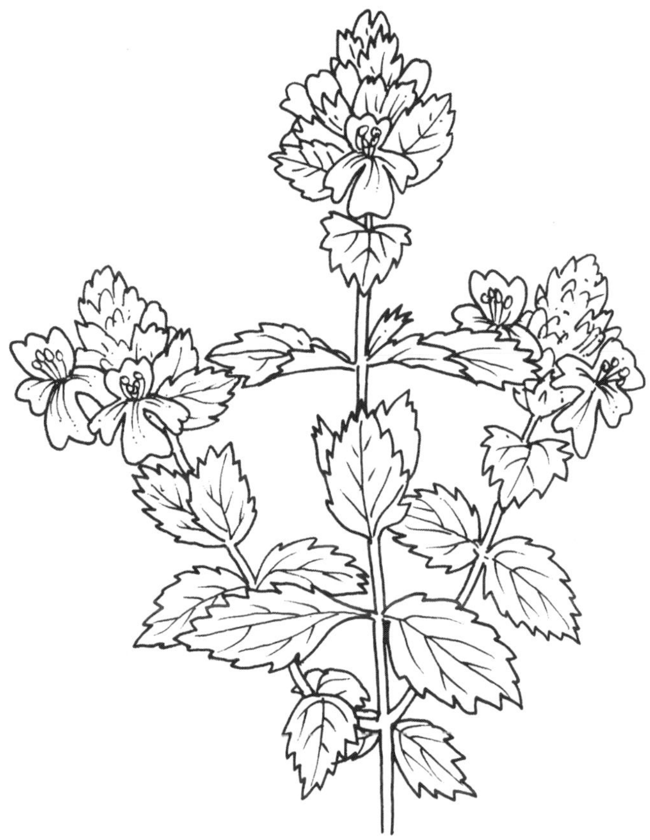

Blüte

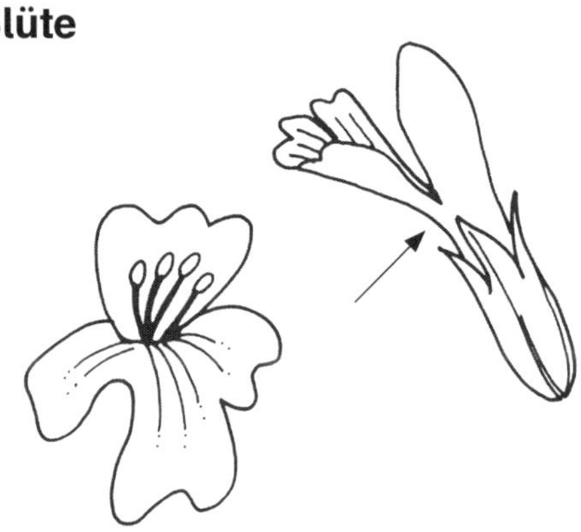

Blatt

Name	**Wiesen-Augentrost**
Größe	10–30 cm
Blühzeit	Juni–Oktober
Standort	feuchte und trockene Wiesen
Bestäubung der Blüten	durch Bienen und Schwebfliegen
Ausbreitung der Samen	Die Pflanze wird durch den Wind oder durch Tiere erschüttert und streut dabei ihre Samen aus.
Kennzeichen	– weiße Kronblätter zu einer Röhre verwachsen (⟶)

Der Augentrost zapft mit seinen Wurzeln das Wurzelsystem von anderen Pflanzen an. Er saugt dort Wasser und Nährsalze ab, die er dann für sich selbst nutzt. Solche Pflanzen nennt man Schmarotzer. Seinen deutschen Namen erhielt der Augentrost, weil er früher als Heilmittel bei Augenkrankheiten verwendet wurde.

Blütenfarbe **Weiß** Steckbrief 67

Blütenstand

Blatt

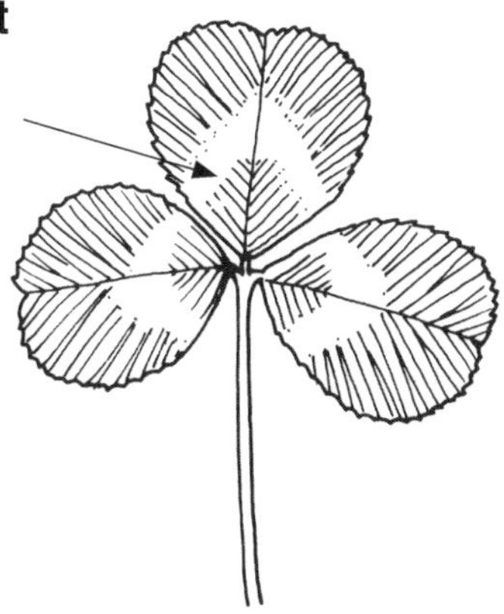

Name	**Weiß-Klee**
Größe	20–50 cm
Blühzeit	Mai–September
Standort	feuchte und trockene Wiesen
Bestäubung der Blüten	hauptsächlich durch Bienen
Ausbreitung der Samen	Bei Trockenheit springen die Früchte auf und die Samen werden ausgeschleudert.
Kennzeichen	– Viele Blüten bilden einen Blütenstand. Sie sitzen so dicht, dass alle zusammen aussehen wie eine große Blüte. – Die Stängel wachsen kriechend am Boden entlang. – Die dreigeteilten Blätter haben ein weißes Muster (→).

Der Weiß-Klee ist die häufigste Pflanze in Deutschland. Er wird auch Kriech-Klee genannt, weil die Pflanze kriechend am Boden entlangwächst. An den Blattansätzen treiben neue Wurzeln aus. Auf diese Weise kann sich die Pflanze gut ausbreiten. Häufiges Mähen der Wiese oder des Rasens schadet ihm nicht, es fördert sogar sein Wachstum. Der Weiß-Klee gibt sehr gutes Viehfutter.

Blütenfarbe **Weiß** Steckbrief 68

Blütenstand

Blatt

Name	**Wiesen-Bärenklau**
Größe	30–150 cm
Blühzeit	Juni–Oktober
Standort	trockene Wiesen
Bestäubung der Blüten	durch Insekten, hauptsächlich durch Fliegen und Bienen
Ausbreitung der Samen	Die Samen fliegen langsam zu Boden und werden durch Tiere verschleppt.
Kennzeichen	– Viele kleine Blüten stehen in einem großen Blütenstand zusammen. – Der Stängel hat feine Rillen. – Die Blattstiele sind am Stängel „aufgeblasen" (⟶).

Bestimmte Inhaltsstoffe des Wiesen-Bärenklaus machen die Haut besonders lichtempfindlich. Wenn wir die Pflanze berühren, können unangenehme Rötungen und Schwellungen auf der Haut entstehen. Junge Pflanzen sind ungiftig und bilden ein gutes Viehfutter. Sie können auch als Wildgemüse verwendet werden.

Blütenfarbe **Weiß** Steckbrief 69

Blütenstand

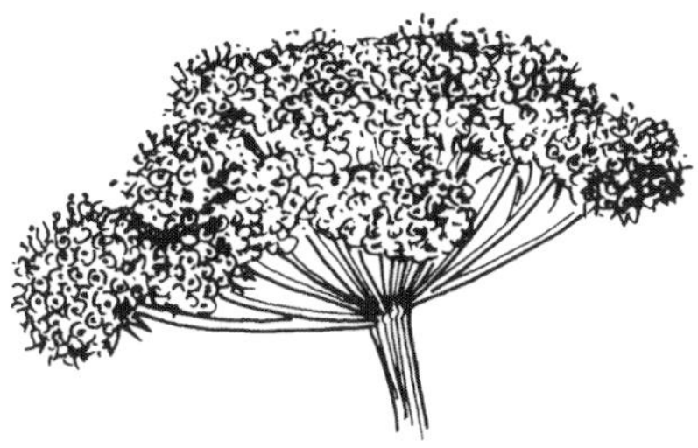

Blatt

Name	**Wilde Engelwurz**
Größe	80–200 cm
Blühzeit	Juni–Juli
Standort	nur feuchte Wiesen
Bestäubung der Blüten	durch Insekten, hauptsächlich durch Fliegen und Käfer
Ausbreitung der Samen	Die Samen schweben langsam zu Boden. Sie sind schwimmfähig und werden über das Wasser ausgebreitet.
Kennzeichen	– Viele kleine Blüten stehen in einem großen Blütenstand zusammen. – Die Blätter sind in große Teilblätter gegliedert.

Die Engelwurz ist eine alte Heilpflanze. Ihre Wurzel wurde früher hauptsächlich bei Magenleiden verwendet. Daher kommt auch der Name der Pflanze.
Die jungen Blätter können als Wildgemüse gegessen werden.
Die Stängel der Engelwurz bleiben den Winter über stehen. Weil sie hohl sind, können viele Insektenarten in ihnen überwintern.

Blütenfarbe **Weiß** Steckbrief 70

Blütenstand

Blatt

Name	**Kleine Bibernelle**
Größe	15–50 cm
Blühzeit	Juni–Oktober
Standort	sehr trockene Wiesen
Bestäubung der Blüten	durch Insekten, hauptsächlich durch Fliegen und Käfer
Ausbreitung der Samen	Die Samen fliegen langsam zu Boden und werden durch Tiere verschleppt.
Kennzeichen	– Viele kleine Blüten stehen in einem großen Blütenstand zusammen. – Der Stängel hat feine Rillen. – Die Blätter sind in abgerundete Teilblätter gegliedert (→).

Die scharf schmeckende und würzig riechende Wurzel der Kleinen Bibernelle wird als Husten- und als Gurgelmittel bei Halsentzündungen verwendet. Sie dient auch zum Würzen von Speisen.

Blütenfarbe **Weiß** Steckbrief 71

Blütenstand

Blatt

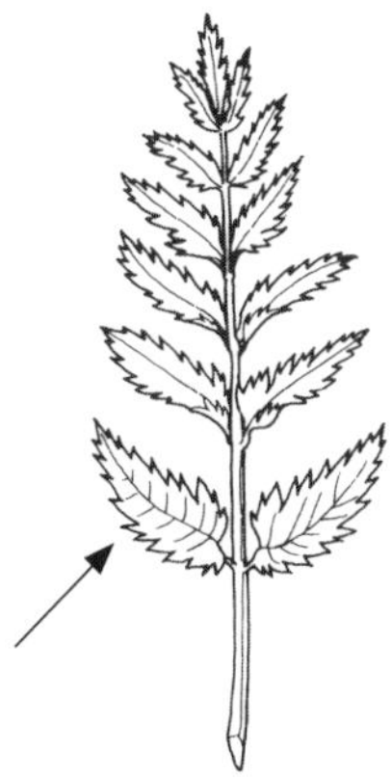

Name	**Große Bibernelle**
Größe	50–100 cm
Blühzeit	Juni–Oktober
Standort	feuchte und trockene Wiesen
Bestäubung der Blüten	durch Insekten, hauptsächlich durch Fliegen und Käfer
Ausbreitung der Samen	Die Samen fliegen langsam zu Boden und werden durch Tiere verschleppt.
Kennzeichen	– Viele kleine Blüten stehen in einem großen Blütenstand zusammen. – Der Stängel hat feine Rillen. – Die Blätter sind in zugespitzte Teilblätter gegliedert (⟶).

Die scharf schmeckende und würzig riechende Wurzel der Großen Bibernelle wird als Husten- und als Gurgelmittel bei Halsentzündungen verwendet. Sie dient auch zum Würzen von Speisen.

Blütenfarbe **Weiß** Steckbrief 72

Blütenstand

Blatt

Name	**Wiesen-Kerbel**
Größe	70–130 cm
Blühzeit	April–August
Standort	trockene Wiesen
Bestäubung der Blüten	durch Insekten, hauptsächlich durch Käfer
Ausbreitung der Samen	Die reifen Früchte werden von Weidetieren gefressen, über den Mist gelangen die Samen wieder auf die Wiese.
Kennzeichen	– Viele kleine Blüten stehen in einem großen Blütenstand zusammen. – Die Blätter sind in zugespitzte Teilblätter gegliedert. – Der Rand der Teilblätter ist gezackt (→).

Auf gut gedüngten Wiesen ist der Wiesen-Kerbel in großer Anzahl zu finden. Er ist ein Anzeiger für starke Düngung.
Die Blätter können zum Würzen von Salaten, Quark und Wildkräutersuppen verwendet werden. Außerdem kann man mit den Blättern Wolle gelb färben.

Blütenfarbe **Weiß** Steckbrief 73

Blütenstand

Blatt

Name	**Wiesen-Kümmel**
Größe	30 – 100 cm
Blühzeit	Mai – Juni
Standort	feuchte und trockene Wiesen
Bestäubung der Blüten	durch Insekten, hauptsächlich durch Fliegen und Käfer
Ausbreitung der Samen	Die reifen Früchte werden von Weidetieren gefressen, über den Mist gelangen die Samen wieder auf die Wiese.
Kennzeichen	– Viele kleine Blüten stehen in einem großen Blütenstand zusammen. – Die Blätter sind in schmale Teilblätter gegliedert (—►).

Der Wiesen-Kümmel ist eine alte Nutz- und Heilpflanze. In manchen Regionen wird er als Gewürzpflanze angebaut. Die Kümmelsamen werden hauptsächlich zum Würzen von Brot oder von schwer verdaulichen Speisen (z. B. Kohl) verwendet.

Blütenstand

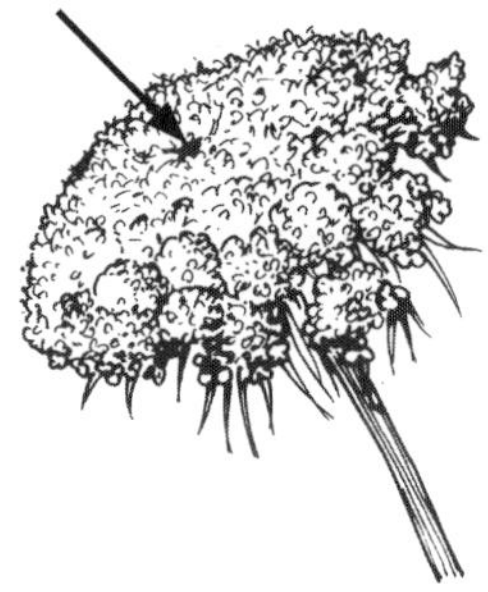

Blatt

Name	**Wilde Möhre**
Größe	30–100 cm
Blühzeit	Juli–Oktober
Standort	eher trockene Wiesen
Bestäubung der Blüten	durch Insekten, vor allem durch Fliegen und Käfer
Ausbreitung der Samen	Die Samen bleiben am Fell oder im Gefieder von Tieren hängen und werden fortgetragen.
Kennzeichen	– Viele kleine Blüten stehen in einem großen Blütenstand zusammen. – In der Mitte des Blütenstandes befindet sich ein dunkler Fleck (⟶).

Wenn die Samen reifen, krümmen sich die äußeren Äste des Blütenstandes nach innen und das Ganze erinnert an ein Vogelnest. Die Garten-Möhre oder Karotte ist eine sehr alte Kulturpflanze, die durch Züchtung aus der Wilden Möhre entstanden ist. Die gezüchtete Form enthält aber viel mehr Zucker sowie Vitamin B, C und A als die Wilde Möhre.

Blütenstand

Blatt

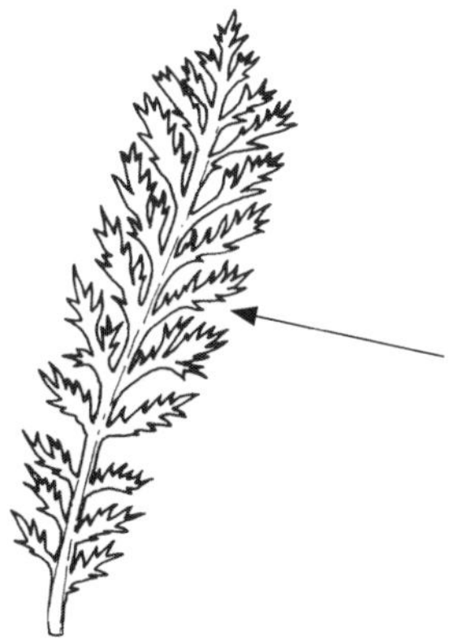

Name	**Gemeine Schafgarbe**
Größe	15–50 cm
Blühzeit	Juni–Oktober
Standort	eher trockene Wiesen
Bestäubung der Blüten	durch Insekten
Ausbreitung der Samen	Die Pflanze wird durch den Wind erschüttert und streut dabei ihre Samen aus.
Kennzeichen	– Viele kleine Blüten stehen in einem großen Blütenstand zusammen. – Die Blätter sind fein zerteilt (→).

Der wissenschaftliche Name der Schafgarbe lautet *Achillea.* Dieser Name leitet sich von dem griechischen Helden Achilles ab, der entdeckt haben soll, dass die Pflanze die Wundheilung unterstützt. Schafe fressen zwar gerne die Blätter, lassen aber die Blütenstände stehen. Deshalb fällt die Pflanze auf Schafweiden besonders auf.

Blüten zweifarbig: **Weiß und Rosa** Steckbrief 76

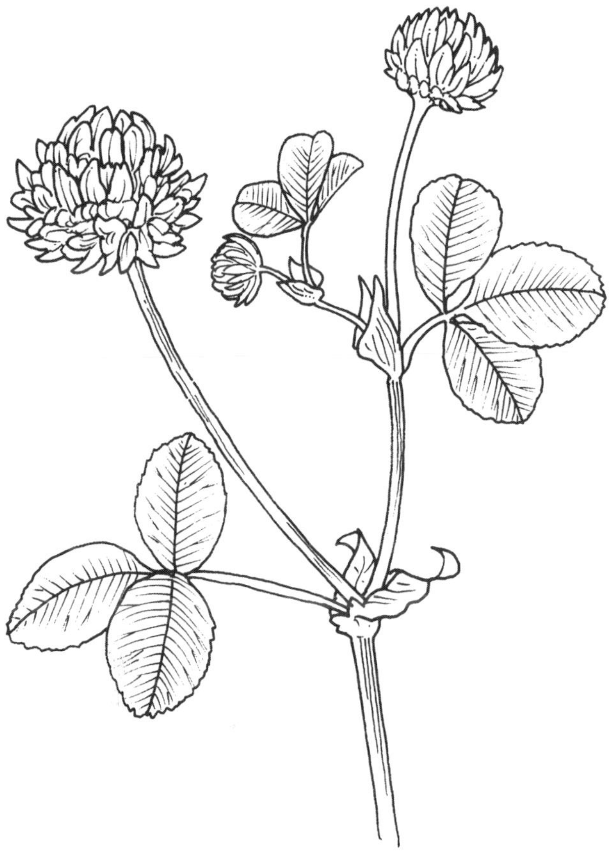

Blütenstand

Blatt

Name	**Schweden-Klee**
Größe	20–40 cm
Blühzeit	Mai–September
Standort	feuchte und trockene Wiesen
Bestäubung der Blüten	hauptsächlich durch Bienen
Ausbreitung der Samen	Bei Trockenheit springen die Früchte auf und die Samen werden ausgeschleudert.
Kennzeichen	– Viele Blüten bilden einen Blütenstand. Sie sitzen so dicht, dass alle zusammen aussehen wie eine große Blüte. – Die Stängel wachsen aufrecht, nicht kriechend. – Die dreigeteilten Blätter sind einfarbig grün.

Die Blüten sind beim Schweden-Klee zunächst weiß und mit zunehmender Blühdauer rötlich bis rosa überlaufen. Der Schweden-Klee gibt sehr gutes Viehfutter.

Blüten zweifarbig: **Weiß und Gelb** Steckbrief 77

Blütenstand

Blatt

Name	**Gänseblümchen**
Größe	bis 10 cm
Blühzeit	Februar–November
Standort	eher trockene Wiesen
Bestäubung der Blüten	durch Insekten
Ausbreitung der Samen	Die Pflanze wird durch den Wind erschüttert und streut dabei ihre Samen aus. Bei feuchtem Wetter werden sie klebrig.
Kennzeichen	– Viele Blüten bilden einen Blütenstand. Sie sitzen so dicht, dass alle zusammen aussehen wie eine große Blüte. – Die Stängel sind behaart und ohne Blätter.

Das Gänseblümchen kann fast das ganze Jahr über blühen. Nachts und bei kühler Witterung ist der Blütenstand geschlossen. Wenn man mehrfach mit dem Finger die weißen Blüten (den äußeren Kranz) anstößt, beginnt sich der Blütenstand ebenfalls zu schließen. Die jungen Blätter und Blüten des Gänseblümchens sind eine schmackhafte Zutat für Salate und Suppen.

Blüten zweifarbig: **Weiß und Gelb** Steckbrief 78

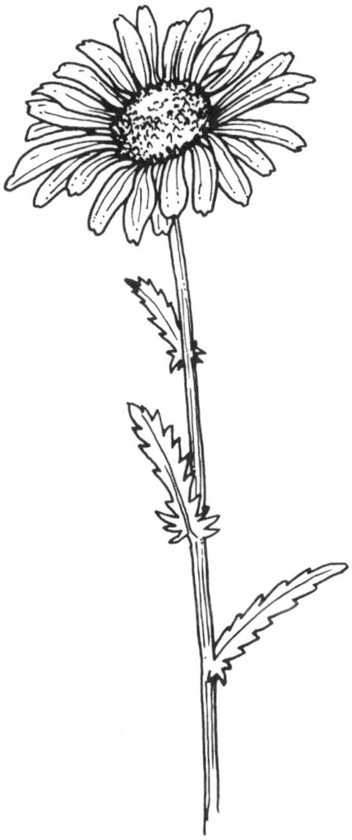

Blütenstand

Blatt

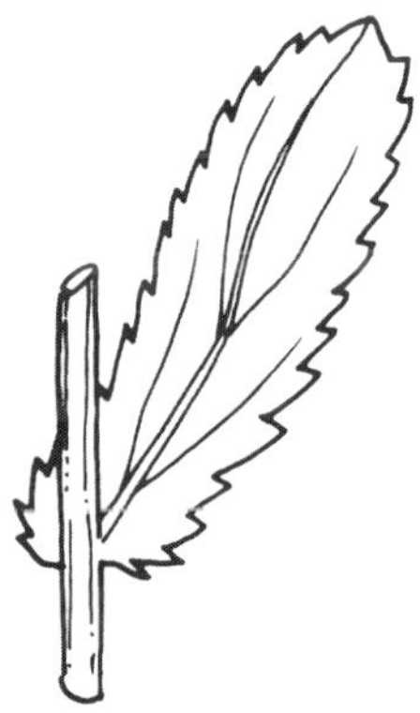

Name	**Wiesen-Margerite**
Größe	30–60 cm
Blühzeit	Mai–Oktober
Standort	eher feuchte Wiesen
Bestäubung der Blüten	durch Insekten
Ausbreitung der Samen	Die Pflanze wird durch den Wind erschüttert und streut dabei ihre Samen aus.
Kennzeichen	– Viele Blüten bilden einen Blütenstand. Sie sitzen so dicht, dass alle zusammen aussehen wie eine große Blüte. – Auch am Stängel sind Blätter.

Die äußeren, weißen Blüten besitzen keinen Griffel und auch keine Staubblätter. Sie dienen nur zur Anlockung von Insekten. Die Bestäubung und Samenbildung findet in den inneren, gelben Blüten statt.
Der deutsche Name Margerite leitet sich aus dem griechischen Wort *margarites* ab, das „Perle“ bedeutet.

Blüten zweifarbig: **Rot und Grün** Steckbrief 79

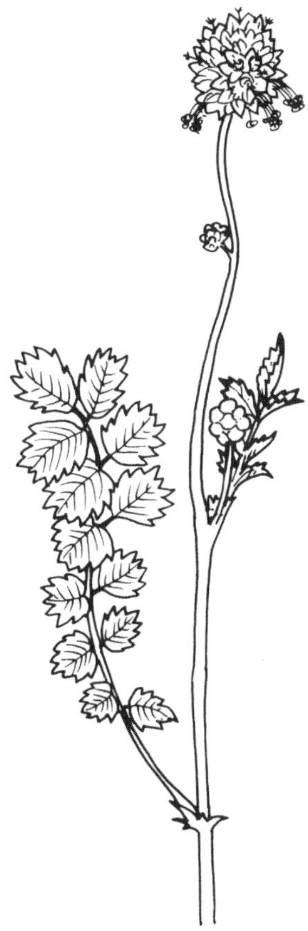

Blütenstand

Blatt

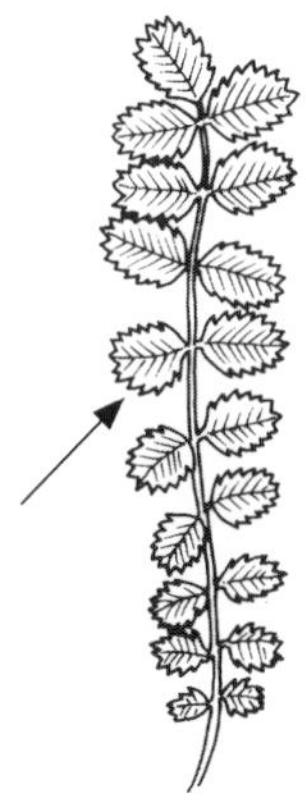

Name	**Kleiner Wiesenknopf**
Größe	20–70 cm
Blühzeit	Mai–Juni
Standort	trockene Wiesen
Bestäubung der Blüten	hauptsächlich durch den Wind
Ausbreitung der Samen	Die Pflanze wird durch den Wind oder durch Tiere erschüttert und streut dabei ihre Samen aus. Diese können auch schwimmen.
Kennzeichen	– Viele kleine Blüten bilden einen Blütenstand. Sie sitzen so dicht, dass alle zusammen aussehen wie eine große Blüte. – Die Blätter sind in Teilblättchen gegliedert, die nicht an Stielen sitzen (→).

Junge Blätter und Triebe des Kleinen Wiesenknopfs können für Wildkräutersalate oder Suppen verwendet werden. In der Pflanzenheilkunde gilt der Kleine Wiesenknopf als ein blutstillendes Mittel. Der lateinische (wissenschaftliche) Name der Pflanze lautet *Sanguisorba*. Das leitet sich von *sanguis* = Blut und *sorbere* = saugen ab. Der Wiesenknopf ist somit ein „Blutsauger"!

Blüten zweifarbig: **Grün und Weiß** Steckbrief 80

Blütenstand

Blatt

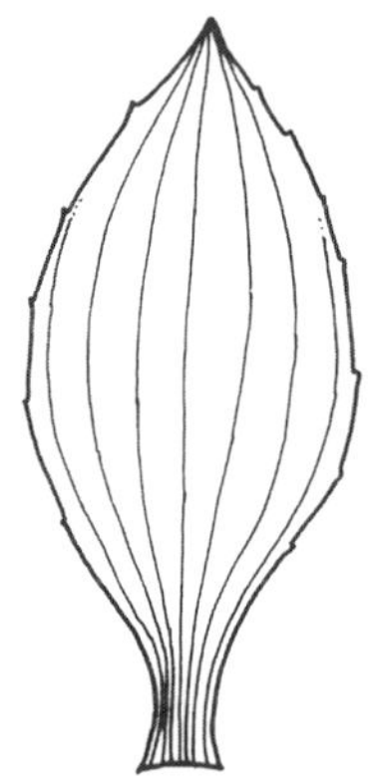

Name	**Mittlerer Wegerich**
Größe	15–30 cm
Blühzeit	Mai–Juni
Standort	trockene Wiesen
Bestäubung der Blüten	durch pollenfressende Insekten wie Bienen, Schwebfliegen und Käfer
Ausbreitung der Samen	Die Pflanze wird durch den Wind erschüttert und streut dabei ihre Samen aus.
Kennzeichen	– Viele kleine Blüten bilden einen kolbenförmigen Blütenstand. Sie sitzen so dicht, dass alle zusammen aussehen wie eine große Blüte. – Die Blätter sind breit und glatt.

Der Mittlere Wegerich besitzt entzündungshemmende Inhaltsstoffe. Bestreicht man einen Insektenstich mit einem Brei aus Wegerich-Blättern, so wird der Juckreiz gehemmt. Der deutsche Name rührt daher, dass wir den Wegerich oft an Wegen finden; seine klebrigen Samen bleiben leicht an den Schuhen hängen und werden auf diese Weise verschleppt.

Blüten zweifarbig: **Grün und Weiß** Steckbrief 81

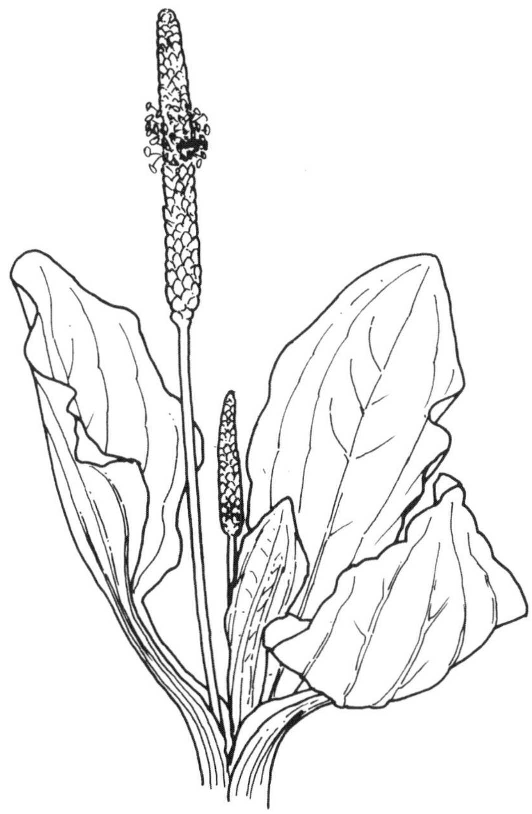

Blütenstand

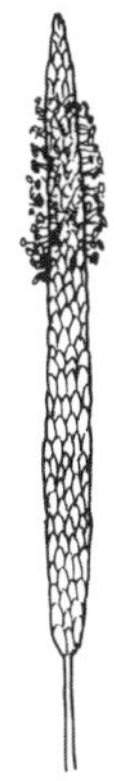

Blatt

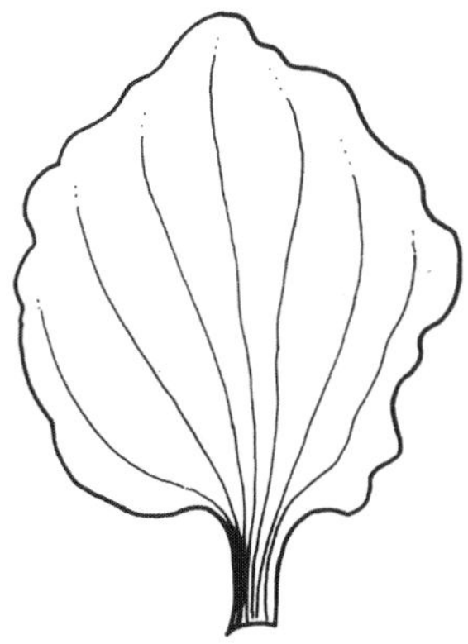

Name	**Breit-Wegerich**
Größe	15–30 cm
Blühzeit	Juni–Oktober
Standort	trockene Wiesen
Bestäubung der Blüten	durch den Wind
Ausbreitung der Samen	Die Pflanze wird durch den Wind erschüttert und streut dabei ihre Samen aus.
Kennzeichen	– Viele kleine Blüten bilden einen kolbenförmigen Blütenstand. Sie sitzen so dicht, dass alle zusammen aussehen wie eine große Blüte. – Die Blätter sind breit und haben einen gewellten Rand.

Der Breit-Wegerich besitzt entzündungshemmende Inhaltsstoffe. Bestreicht man einen Insektenstich mit einem Brei aus Wegerich-Blättern, so wird der Juckreiz gehemmt. Der deutsche Name rührt daher, dass wir den Wegerich oft an Wegen finden; seine klebrigen Samen bleiben leicht an den Schuhen hängen und werden auf diese Weise fortgetragen. So wurde der Breit-Wegerich weltweit verschleppt. Bei den Indianern nannte man ihn deshalb „Fußstapfen des Weißen Mannes".

Blüten zweifarbig: **Braun und Weiß** Steckbrief 82

Blütenstand

Blatt

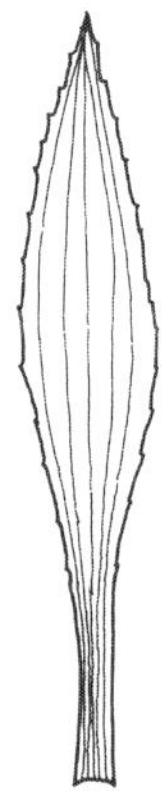

Name	**Spitz-Wegerich**
Größe	5–60 cm
Blühzeit	Mai–Oktober
Standort	trockene Wiesen
Bestäubung der Blüten	durch den Wind und durch pollenfressende Insekten wie Bienen, Schwebfliegen und Käfer
Ausbreitung der Samen	Die Pflanze wird durch den Wind erschüttert und streut dabei ihre Samen aus.
Kennzeichen	– Viele kleine Blüten bilden einen kolbenförmigen Blütenstand. Sie sitzen so dicht, dass alle zusammen aussehen wie eine große Blüte. – Die Blätter sind lang und schmal.

Der Spitz-Wegerich besitzt entzündungshemmende Inhaltsstoffe. Bestreicht man einen Insektenstich mit einem Brei aus Wegerich-Blättern, so wird der Juckreiz gehemmt. Der deutsche Name rührt daher, dass wir den Wegerich oft an Wegen finden; seine klebrigen Samen bleiben leicht an den Schuhen hängen und werden auf diese Weise fortgetragen.

Meine Wiesenblume

Blüte	Blatt

Blütenfarbe:

Name der Blume	
Bestäubung der Blüten	
Ausbreitung der Samen	
Fundort	
Datum	
Mein Name	

Notizen zu meiner Wiesenblume: